远东国际军事法庭庭审记录·中国部分
——全面侵华辩方举证（下）

Transcripts of the Proceedings
of the International Military Tribunal for the Far East:
The China related
——Inland China Division (Volumn 2)

主编　程兆奇

宋春艳　译　　邹皓丹　校

上海交通大学出版社
SHANGHAI JIAO TONG UNIVERSITY PRESS

国家图书馆出版社
National Library of China Publishing House

内容提要

　　本书所译，是1946年5月6日至5月14日期间，远东国际军事法庭庭审记录中辩方举证环节关于中国的最后一部分。本书内容庞杂，涉及九一八事变、七七事变、南京暴行、武汉会战、鸦片贸易、华北经济侵略、汪记政府、桂柳会战等。

　　要认识东京审判的全貌，不但要重视检方的控诉，也要关注辩方的申辩。从这个角度出发，本书翻译的辩方庭审记录可以与检方庭审记录互为补充，为了解东京审判提供不同的面相。

图书在版编目(CIP)数据

远东国际军事法庭庭审记录.中国部分／东京审判研究中心编译．—上海：上海交通大学出版社，2016
ISBN 978-7-313-14847-6

Ⅰ.①远… Ⅱ.①东… Ⅲ.①远东国际军事法庭—史料 Ⅳ.①D995

中国版本图书馆CIP数据核字(2016)第080135号

远东国际军事法庭庭审记录·中国部分
——全面侵华辩方举证（下）

主　　编：程兆奇	译　者：宋春艳
出版发行：上海交通大学出版社	地　址：上海市番禺路951号
邮政编码：200030	电　话：021-64071208
出 版 人：韩建民	
印　　制：上海景条印刷有限公司	经　销：全国新华书店
开　　本：787 mm×960 mm　1/16	印　张：17.75
字　　数：227千字	
版　　次：2016年5月第1版	印　次：2016年5月第1次印刷
书　　号：ISBN 978-7-313-14847-6/D	
定　　价：(共十二册)1200.00元	

版权所有　侵权必究
告读者：如发现本书有印装质量问题请与印刷厂质量科联系
联系电话：021-59815625 * 8028

前　言

本书所译，是1946年5月6日至5月14日期间，远东国际军事法庭庭审记录中辩方举证环节关于中国的最后一部分。程序上，一般从辩方律师针对检方控告的举证开始，然后进入辩方询问，最后是检方对于辩方举证的交叉询问环节。根据庭审需要，有可能会再次进入辩方询问环节。

正如检方以大量资料举证被告在第二次世界大战中所犯下的罪行一样，辩方也以其他证据竭力为被告进行辩护。法庭为每位被告分配了一位日本籍辩护律师、一位外籍辩护律师。这些律师或者仅代表他们代理的被告发言，试图证明被告并没有参与某项被控告的罪行；或者是针对一项控告发言，试图证明检方提起的某项指控不能成立。

本书内容庞杂，涉及九一八事变、七七事变、南京暴行、武汉会战、鸦片贸易、华北经济侵略、汪记政府、桂柳会战等内容。

辩方的主要论点如下。

首先，辩方试图证明检方对于日军在南京、武汉、长沙、衡阳、桂林、柳州暴行的指控不能成立。辩方邀请了参与当时军事行动的中层军官和随军记者作为证人，试图说明日军攻陷上述城市之后，井然有序地进入，在城市中仅消极布防，根本不存在所谓的暴行。而且辩方提出，检方认为必须对上述暴行负责的被告，其实非常注重军队纪律问题，在所属部队进入当地城市之前曾三令五申地要求其加强自我约束，不得违反军纪。

辩方递交给法庭的证据，绝大部分是证人的证词。证人在证词中声称他们目睹了多份文件资料，即被告要求所属部队严格遵守军纪的命令。但是，辩方却没有办法提供大部分上述文件资料的正本或副本，而只能声称之所以无法出示这些文件，是因为它们早已在战时或战后被销毁。

检方与辩方针锋相对，质疑辩方存在上述文件的说法是否属实，因为辩方唯一证明这些文件存在的依据源自证人的证词。检方指出，根据检方提出的证据，日军下达烧毁资料文件的"销毁令"仅限于销毁对其不利的文件，据此逻辑，辩方所引用的那些文件明显是对己方有利的资料，不应该属于"销毁令"的范围。韦伯庭长也多次指出，法庭有权要求辩方给出不能出示文件的合理解释，而辩方给出的解释不能令人信服。

值得注意的是，本书中含有辩方证人中山宁人出庭作证时的庭审记录。中山宁人声称根据他所了解的情况，被告松井石根在日军占领南京期间恪守职责，督促占领南京的日军严守军纪；而且他曾经陪同松井石根视察南京，期间并没有目击过日军在南京城犯下的任何违纪行为和暴行。在交叉询问环节中，当检方询问他是否知道金陵大学贝茨博士、约翰·拉贝先生、约翰·马吉牧师、南京安全区国际委员会及其他人士向日本领事馆及日本政府抗议日军在南京犯下的暴行时，中山证人矢口否认。他认为日军不可能在南京屠杀平民和战俘，仅可能发生过少数侵犯外国财产和强奸妇女、抢劫等事件。这样的证词连韦伯庭长都感到愤慨，他当庭直接指出，中山证人的证词完全是为被告松井石根辩护的一面之词。

其次，辩方试图证明无论是九一八事变还是七七事变都是日军为应对中国的敌对行为而引发的突发事件，并非日本政府事先预谋的侵略事件。为此，辩方在交叉询问环节质询检方证人巴雷特，试图证明其证词有失偏颇，即巴雷特对七七事变的证词仅建立在了解当时当地中国军方状况的基础上，他既不了解日本军队的状况，也没有对七七事变前后的中日冲突进行仔细研究，更没有对南京政府在七七事变后的动向进行充分调查。为证明九一八事变和"满洲国"的成立并非日本政府蓄谋已久的侵略行为，辩方提请九一八事变的当事人石原莞尔作为辩方证人。石原莞尔在证词中表示，在九一八事变以前，关东军进行的军事训练完全出于防卫考虑，后来因中方挑衅而发生例如中村大尉事件、万宝山事件等中日冲突，才使得关东军感受到战争不可避免，不得不尝试最大限度地利用满洲当时的军事物资来增加其战斗力。九一八事变的发生是关东军高层和日本政府始料未及的，而且事变发生后，日本政府一直秉持不扩大事态的原则，但是战场武装冲突的客观现实导致了关东军军事行动的扩张和随后"满洲国"的成立。因此，成立"满洲国"绝非关东军扩大军事行动的方式或目标，充其量只能说，关东军的军事行动可能为"满洲国"的成立提供了机会。

对此，检方在交叉询问环节中指出，九一八事变后满洲指导部的迅速建立，关东军的侦察机装载炸弹出发侦察的历史事实，都表明九一八事变后关东军的军事行动绝非仅止于防卫，并且"满洲国"是在关东军和日本政府的一手策划下成立的。

东京审判究竟是"正义的审判"还是"强者的审判"，一直存在着争论。要认识东京审判的全貌，不但要重视检方的控诉，也要关注辩方的申辩。从这个角度出发，本书翻译的辩方庭审记录可以与检方庭审记录互为补充，为了解东京审判提供不同的面相。这也是上海交通大学东京审判研究中心出版远东国际军事法庭有关中国部分的辩方举证记录的基本出发点和立足点。

邹皓丹

2015 年 5 月 14 日

本册出庭发言者

法官
威廉·弗拉德·韦伯

检察官
罗纳德·亨利·奎廉　　　　大卫·尼尔森·萨顿
向哲濬　　　　　　　　　弗兰克·S.塔夫纳
亚瑟·S.柯明斯-卡尔　　　莱斯特·C.杜尼根

辩护律师
威廉·洛根　　　　　　　　本·布鲁斯·布雷克尼
萨缪尔·艾伦·罗伯茨　　　伊藤清
詹姆斯·N.弗里曼　　　　　佐伯千仞
乔治·C.威廉姆斯　　　　　阪埵淳吉
阿里斯蒂德斯·G.拉扎勒斯　乔治·A.弗内斯
神崎正义　　　　　　　　　弗洛伊德·J.马蒂斯

证人
吉川正治　　　　　　　　　大木荣一
吉川源三　　　　　　　　　小川三郎
吉桥戒三　　　　　　　　　池田龙三郎
斋藤寅郎　　　　　　　　　森冈隼

益田兼利
铃木忠纯
赤木喜代治
大山文雄
河边正三
长谷川清
天野正一
牛岛贞雄
佐野虎太
横山勇

戴维·巴雷特
森德治
川本芳太郎
及川源七
中村辰二
河边虎四郎
藤井茂
马场鈆
清水薰三

凡 例

1. 本文所译，是1946年5月6日至5月14日期间，远东国际军事法庭审判记录辩方举证环节中、中国相关内容的最后一部分。

2. 本书主要根据庭审记录英文版翻译，参照日文版，内容按照庭审记录顺序排列，不作变更。

3. 正文前"本册出庭发言者"名单，为译者整理而成。

4. 为方便读者，由译者将全书分段并加各段标题。分段主要根据庭审内容，标题仅起提示作用。

5. 译文中一些历史名词如"满洲国"、(汪记)"中华民国政府"等，一般按历史事实保留原状，有的按有关出版规定作了处理。

目 录

一、武汉会战与桂柳会战相关经过　001
二、法庭调查七七事变相关经过　115
三、日军进行华北经济侵略（第一部分）　135
四、中山宁人证词与南京暴行　140
五、日军进行华北经济侵略（第二部分）　172
六、河边虎四郎证词与七七事变　177
七、日本海军与鸦片运输问题　232
八、石原莞尔证词与九一八事变　241
索引　259

一、武汉会战与桂柳会战相关经过

1947年5月6日，星期二
日本东京都旧陆军省大楼内远东国际军事法庭

……

（13:35开庭。）

……

韦伯庭长：洛根先生。

洛根辩护律师：尊敬的法庭，我请求传唤吉川正治出庭作证。

（吉川正治作为辩方证人被传唤，在宣誓后通过日语译员作证如下。）

直接询问（由洛根辩护律师询问吉川正治证人）

洛根辩护律师：请向证人出示辩方文件第328号。

（一份材料交给了证人。）

问：吉川先生，请看一下这份文件，并告诉我们这是不是你的证词，上面是否有你的签章？

答：这是我的证词，上面有我的签名和印章。

问：文件中的陈述是否真实准确？

答：是的。

洛根辩护律师：我提交辩方文件第328号作为证据。

韦伯庭长：照例许可。

法庭执行官：辩方文件第328号将被列为证据第2549号。

(辩方证据第 2549 号被接受。)

洛根辩护律师： 现在我宣读辩方文件第 328 号，即证据第 2549 号。我跳过前两段，从第 2 页第 3 段开始：

（宣读）

从 1938 年 8 月至 10 月底，我在第六师团第二十三联队担任中队长，在攻占汉口的战役中带领前锋部队进城。因此，我讲述进入汉口那几天的情况。

攻打汉口的那些战役中，最激烈的是大别山一役。其他战役都是追杀敌兵。最后一次战役是在汉口东北的黄陂，我们遭遇了 3 000 多名敌兵。跋涉 4 天后，我们走完剩下的 30 公里路，顺利进入汉口市。我们持续前进了大约 30 公里的路程，一路上一个抵抗的敌兵都没遇到过。

我们行近汉口北部的载家山时，发现敌人撤退时把张公堤炸开了，眼前一片汪洋。因为桥也被炸毁了，我们不得不克服重重困难渡河。由于只有几条船，渡河花费了大量时间。

打头阵的本来是我们联队第二大队，但率先过河的却是第三大队，接着是第二大队，然后是第一大队，就是这样的顺序。这样，我们在第 3 天进入汉口市。考虑到市里有外国租界，我们找了一个外国人领我们进城。为了不被外国人小瞧，我们打足了精神。所有士兵都穿着整洁的制服，按照常规等级整齐有序地进入汉口，很多外国人成排站在街道两旁看着这个场面。

进入市区后，我们立刻去了指定的军营。我们很疲劳，但也卸下了心头的重担，因为持久战终于结束了。就这样，我们战胜了敌军，和平有序地进入了汉口。这天是 1938 年 10 月 26 日。

因此，我相信，以这样的方式进入汉口的部队不可能施行暴力或做出其他可疑行为。

攻占汉口时,各师团司令部下令,所有部队需严格遵守军纪,违反命令擅自行事者将一律严惩不贷。因此,并没有发生过需要批评的事情。我们攻占汉口时十分循规蹈矩,我坚信没有发生过暴力、掠夺之类的恶行。

我们进入汉口时,外国居民区灯火通明,城市绝对没有遭到破坏,只有日租界被敌军放火烧毁了。日方空军完全没有轰炸过市区,因此除了日租界,整个城市毫发无损。

证人

韦伯庭长：奎廉准将。

奎廉检察官：尊敬的法庭,检方不要求进行反诘。

洛根辩护律师：证人可以按惯例退庭吗?

韦伯庭长：照例退庭。

（证人退庭。）

洛根辩护律师：我很抱歉,庭长阁下,另一位辩方律师拿走了我这里的文件。我们需要去拿回来。

请求法庭传唤证人吉川源三。

（吉川源三作为辩方证人被传唤,在宣誓后通过日语译员作证如下。）

直接询问（由洛根辩护律师询问吉川源三证人）

问：请向法庭陈述你的姓名和住址。

答：我叫吉川源三。我的住址是：鸟取县东泊郡浅津村大字南谷四三七番地。

问：请向证人出示辩方文件第1435号。

（一份材料递交给了证人。）

请看一下这份文件,并告诉我们这是不是你的证词,上面是否有你的签章?

答：这是我的证词，上面有我的签名和印章。

问：文件中的陈述是否真实准确？

答：是的。

洛根辩护律师：我提交辩方文件第1435号作为证据。

韦伯庭长：照例许可。

法庭执行官：辩方文件第1435号被标为证据第2550号。

（辩方证据第2550号被接受。）

洛根辩护律师：现在我宣读辩方文件第1435号，即证据第2550号，从第2段开始：

（宣读）

关于我的个人经历，我毕业于陆军士官学校及陆军大学。在汉口战役中，我是第六师团后勤部门负责人。战争结束后，我晋升为中佐。

攻陷南京后，我去了那里为随后的行动做准备。第六师团在1938年10月20日前后开始攻打汉口，没费多大劲就冲破了黄陂，然后包围汉口市。然而，在汉口北面的载家山，由于中国人炸毁了堤岸，这里一片汪洋，必须坐船才能穿过。又只有少数船只可用，耗费了相当长的时间，行进到这里的部队不得不在此停下。要进汉口，必须穿过这片水淹之地。司令官畑俊六在此之前就颁布过严格的军纪，并印在传单上，在部队中分发传阅。这是根据部队对中国公民的态度以及部队在汉口市应该采取的预防措施而制定的：警告部队严格遵守军纪，防止城中发生任何混乱情况。

因此，我们将尽可能小心地进入汉口市。穿过江水淹没的地区之后，我们在城郊没有遭遇敌军，和平有序地进入了汉口。我们认为，由先锋队独占率先进入汉口这一荣耀不太合适，于是联系了牛岛旅团长，让佐野联队（第二十三联队）和第四十五联队的部分官兵同时进城。

基于上述情况,日军不可能作出袭击、抢夺、强奸及其他暴虐行为。我从没见过有人这么做,从没听说过此类传言,也从没收到过此类暴行的报告。

证人

韦伯庭长:奎廉准将。
奎廉检察官:尊敬的法庭,检方不要求进行交叉质证。
洛根辩护律师:证人可以照例退庭吗?
韦伯庭长:照例退庭。
(证人退庭。)
洛根辩护律师:请求法庭传唤证人吉桥戒三。

直接询问(由洛根辩护律师询问吉桥戒三证人)

问:请向法庭陈述你的名字和住址。
答:我的名字叫吉桥戒三。住址是:千代田区纪尾井町四番地。
问:请向证人出示辩方文件第291号。
(一份材料交给了证人。)
请看一下这份文件,并告诉我们这是不是你的证词,上面是否有你的签章?
答:这是我的证词,上面有我的签章。
问:文件中的陈述是否真实准确?
答:是的。
洛根辩护律师:我提交辩方文件第291号作为证据。
韦伯庭长:照例许可。
法庭执行官:辩方文件第291号被标为证据第2551号。
(辩方证据第2551号被接受。)

韦伯庭长：休庭 15 分钟。

（14∶45 休庭。）

（15∶00 重新开庭。）

法庭执行官：现在，远东国际军事法庭继续开庭。

韦伯庭长：洛根先生。

洛根辩护律师：庭长阁下，现在我宣读辩方文件第 291 号，即证据第 2551 号，从第 2 段第 3 句开始，跳过前面部分：

（宣读）

1938 年 10 月至 1939 年 8 月的大部分时间我在汉口。1938 年 11 月，我被任命为第十一军参谋，后任职陆军大学教官。1940 年 10 月，我被任命为中国派遣军参谋。1941 年 10 月之后，我再次在陆军参谋学院担任教职，之后担任了天皇陛下的侍从武官。

3. 攻打汉口的时候，我是大尉，隶属于第二军参谋部。我和第六师团一起翻过大别山。1938 年 10 月 25 日，第六师团的部分人员进入汉口，日军在 10 月 27 日占领了整个城市。

10 月 25 日，我收到一封电报，指示我协助参谋大平为我军进入汉口做准备。我在宋埠和参谋大平碰了面，10 月 29 日下午经距汉口北部约 6 公里的戴家山进入汉口。那时候，张公堤外一片汪洋。穿过那片汪洋之后，我去了第六师团的司令部，当时第六师团驻扎在江汉中学。在那里，我见到了第六师团师团长稻叶中将，他向我详细讲述了我军进入汉口的有关情况。另外，我还仔细查看了市区及周边地区。

我确信我们的部队和平地进入了汉口，没有采取任何敌对行动，确信我们的士兵没有引起掠夺、暴力、强奸、流血事件等麻烦。我到达汉口的时候，毫无疑问，汉口一片祥和，一声枪响都听不到。

我们开始进城时，根据军司令官的命令，只有从第六师团选拔出来的一小队人，规模不足一个联队，进入城区以备防御之需，其他人不允许进入汉口10公里以内的范围。

陆军抵达汉口的同时海军也从江上抵达汉口。而且，攻击江上的陆军也抵达了汉口。但上司禁止他们登陆，江面上挤满了我们的船，船上满载着士兵。29日下午进入汉口后，我走访了市区和市郊的每一个居民小区，没有见到一具尸体。从那时起，我在汉口一直待到第二年8月。在那段时间里，我时常检查市区的各个地方。我常常想，如果敌人顽固抵抗，我们要攻占所谓的武汉三镇也是相当困难的。可敌方完全没有抵抗的想法，我们的部队真的很幸运。

4. 我军司令官就军纪发布了非常严格的命令。另一方面，我们的军方当局尽一切努力建立娱乐中心以积极防止恶性罪行的发生。早在11月1日我就看到日本妇女娱乐团沿长江逆流而上到达汉口，你可以想象我有多惊讶。通过这些方式，军方当局万分谨慎地布置了这些安排。与此同时，他们还严厉处罚违反军纪者。

我们进入汉口的时候，汉口市由一个分队把守，由前面提到的第六师团少将牛岛满领导。但当第六师团向南攻打永州时，第二军接到命令代为把守汉口。军方当局只允许从各师团挑选的少数分队进入汉口，并尽力严格维持军纪，以防受到外国民众轻视；并且命令大部队驻扎在郊区，不允许进入市区。法租界的法国居民颇为欣赏我们，因为他们十分清楚，日军严格维持着军纪。11月3日，第十三师团的警备队接到命令，由于他们的部队不允许进入市区，因此，他们要驻扎在汉口郊区脏乱的楼房里。这时，该队的一名副官走过来，激动地冲我大吼，"这样的待遇是对军队的侮辱"。但是，我不能违反命令让他们进入市区。占领汉口后，军方当局清楚地划分了各个区域，一部分供日军使用，一部分供中日双方共同使用，另一部分供难民留宿。

我们的特务当局给居住在中日双方公共区域内的中国居民颁发了居民证，以避免产生麻烦。无论如何，我们采取了最谨慎的预防措施，进行了最严格的监督，防止我方士兵做出不当行为。因此，我可以肯定地说，谋杀、强奸中国人这样的丑闻从未在汉口发生过。

然而，攻占汉口后，中国游击队不知怎么潜入了汉口，并在市里放火，这令我们非常担忧。

证人

韦伯庭长：奎廉准将。

奎廉检察官：尊敬的法庭，检方不要求进行交叉询问。

洛根辩护律师：证人可以照例退庭吗？

韦伯庭长：照例退庭。

（证人退庭。）

洛根辩护律师：请求传唤斋藤寅郎出庭作证。

（斋藤寅郎被作为辩方证人被传唤，在宣誓后通过日语译员作证如下。）

直接询问（由洛根辩护律师询问斋藤寅郎证人）

问：请向法庭陈述你的姓名和住址。

答：斋藤寅郎，年龄46岁。住址是：东京都目黑区三谷町一四二番地。

洛根辩护律师：请向证人出示辩方文件第924号。

（一份材料交给了证人。）

问：请看一下这份文件，并告诉我们这是不是你的证词，上面是否有你的签章？

答：这是我的证词。

问：文件中的陈述是否准确真实？

答：我确定里面的内容准确真实。

洛根辩护律师：我提交辩方文件第 924 号作为证据。

韦伯庭长：照例许可。

法庭执行官：辩方文件第 924 号被标为证据第 2552 号。

（辩方证据第 2552 号被接受。）

洛根辩护律师：现在我宣读辩方文件第 924 号，即证据第 2552 号，从第 1 页第 2 段开始，跳过前面部分：

（宣读）

2. 关于我的个人经历，1930 年 3 月我毕业于早稻田大学理工学部建筑科，1930 年 7 月进入朝日新闻社工作。现在我是朝日新闻的一名编辑。在日军攻打汉口的时候，我是朝日的社会记者。

3. 1938 年 10 月 25 日凌晨，遵照朝日新闻社的指令，我乘坐海上侦察机从九江飞过汉口，飞行高度为海拔 30 米。那时候，日军还没有进入汉口市。飞越北站的时候，我们的飞机被敌人盯上了。我看见汉口郊区的日军正在往市中心挺进，江面上的日本军舰也正驶往汉口。

同月 28 日，我再次乘坐飞机前往汉口，住在那儿的海军军营里。那时候，我看到江面上有许多船。

证人

韦伯庭长：奎廉准将。

奎廉检察官：尊敬的法庭，检方不要求进行交叉询问。

洛根辩护律师：证人可以按惯例退庭吗？

韦伯庭长：照例退庭。

（证人退庭。）

洛根辩护律师：请求传唤证人大木荣一。

（大木荣一作为辩方证人被传唤，在宣誓后通过日语译员作证如下。）

直接询问（由洛根辩护律师询问大木荣一证人）

问：请向法庭陈述你的姓名和住址。

答：我的名字叫大木荣一。我的住址是东京都杉并区天沼三丁目七四一番地。

洛根辩护律师：请向证人出示辩方文件第958号。

问：请看一下这份文件，并告诉我们这是不是你的证词，上面是否有你的签章。

答：这毫无疑问是我的证词。

问：证词中的陈述是否准确真实？

答：是的。

洛根辩护律师：我提交辩方文件第958号作为证据。

韦伯庭长：照例许可。

法庭执行官：辩方文件第958号被标为辩方证据第2553号。

（辩方证据第2553号被接受。）

洛根辩护律师：现在我宣读辩方文件第958号，即证据第2553号，从第2段个人经历开始：

（宣读）

1932年3月，我从东京高等工艺学校摄影专业毕业。

毕业后我就进入东京朝日新闻社。从那时起，我一直在摄影部门工作。现在我是该社摄影出版部副主任。

按照公司指示，我作为战地记者参加了攻打汉口的战役。1938年10月24日，我跟随一个坦克分队从汉口郊外的黄陂出发。我们的坦克在节节败退的敌兵中穿行，由于分队急着进入汉口，没功夫去管被抛在后面的敌军。但是,当我们到达张公堤的时候,发现那里已经被江水淹没。我们的分队停止前进,开始架着山野炮向敌人建造在戴家山边上的碉堡开火,打得敌军越退越远。

那时候,可以看到汉口那个方向有很多爆炸产生的烟柱升向天空。这是敌人撤退时炸毁汉口的日本租界引起的。那天晚上我得以和过路的一个分队一起过河,经过一个小村庄后,到达汉口市的一边。

我几乎没有看到汉口市内有先行入城的日军。我在市郊度过了那个夜晚。第二天,也就是8月26日早上,雨停了。赤木参谋告诉我们敌人已经逃走了。由于上级希望我们正式地进入汉口,因此得先整理仪表。我们朝日新闻,会同每日、读卖、同盟等新闻社的记者,由一个小队的士兵护送着一起进入市区。到达北站的时候,敌军残部用山炮向我们开了几炮。

此次遭遇敌方残兵是我们听说的最后一次交锋。几个分队渡江之后,都整齐地列队前进。大约中午的时候,我们到达日本租界,那儿已被熊熊大火包围。从被烧毁的日本领事馆往右走,我们来到了意大利租界的木栅栏旁。正当我们犹豫要不要继续往前走的时候,一位法国神父加科诺出现在我们面前,他自愿为日军分队充当向导。我会讲日语和法语,因此,赤木参谋和神父交谈的时候我为他们充当翻译。当时在场的还有一个德国军官和两个外国女人。赤木参谋指挥日本士兵整理好制服,在法国传教士的带领下,分四人一排,整齐地列队前进。我们走过街道的时候,看到许多屋里的居民往外偷偷打量我们,还有人把自家墙上的抗日海报撕下来。沿途没有看到尸体。

同时,日本海军巡洋舰八重山沿江北上抵达汉口,其后跟着许多小船。直到那个时候,江上还没有什么船只,除了一艘看似美国炮艇的船。陆军进城后一小时左右,海军也抵达汉口。两军在一所名为明治小学学校里会师。

在汉口市，江岸地带划给了海军，以公路为界限，公路对面的区域则供陆军使用。大部分陆军驻扎在郊区，只有少数士兵可以进入市区。师团司令部位于郊区的一所中学内。江岸边海关大楼后面的空地分配给了难民，但江岸地带本身由日军守卫，就连武装士兵都不能进入领事馆区，更别说我们战地记者。10月25日，我们进入汉口市的时候，由于洪水退离岸边近200码，长江江面上几乎看不到船只。然而，10月26日，江面上却漂满了船舰。海军严禁船员登陆，因此，很多海军船只都停留在江面上。可以看到飘着英国、美国、法国等国国旗的船上有很多中国难民。

汉口即将攻陷之时，靠近汉口的长江江面上几乎没有船只，然而，汉口攻陷后，却有许多船只聚集在那里。原因是船上的人们一开始惧怕日军而逃走了，但后来发现日军不会伤害他们，于是又回到了这里。

我发誓，说日本士兵屠杀中国战俘并把他们丢进长江的谣言完全是无稽之谈。事实是，10月26日和27日，汉口市一片祥和，连一声枪响都没听到过。进入市区的日本士兵数量极少。而且，他们忙着守卫和安营扎寨，根本没有多余时间出行。官方政策也最大程度地禁止他们出行。

只有日本租界遭大火烧毁。市区其他地方安然无恙。因此，从10月28日那一天开始，整个汉口市，包括各大租界，居民开始多了起来。

证人

韦伯庭长：奎廉准将。
奎廉检察官：尊敬的法庭，检方不要求进行交叉询问。
洛根辩护律师：证人可以照例退庭吗？
韦伯庭长：照例退庭。

（证人退庭）

洛根辩护律师：请求法庭传唤证人小川三郎出庭作证。

（小川三郎作为辩方证人被传唤，在宣誓后通过日语译员作证如下。）

直接询问（由洛根辩护律师询问小川三郎证人）

问：请向法庭陈述你的姓名和住址。

答：姓名，小川三郎。住址是：千叶县市川市国府台三二番地。

问：请看一下递给你的辩方文件第920号，并告诉我们这是不是你的证词，上面是否有你的签章。

答：这是我的证词。

问：文件中的陈述是否真实准确？

答：是的。

洛根辩护律师：我提交辩方文件第920号作为证据。

韦伯庭长：照例许可。

法庭执行官：辩方文件第920号将被标为证据第2554号。

（辩方证据第2554号被接受。）

洛根辩护律师：现在我宣读辩方文件第920号，即证据第2554号，跳过第一段：

（宣读）

1928年4月，我成为东京朝日出版社的员工，并在那一直工作至今。攻打汉口的时候，我在朝日新闻摄影部门工作。

按照公司指示，我作为东京朝日新闻摄影部的成员，乘坐炮艇从九江沿长江北上前往葛店镇，打算与高品部队会合，去拍摄攻打汉口的真实场面。但是，1938年10月24日傍晚，我碰巧遇到台湾军的平田部队，就加入了他们的队伍。10月25日，我们一起到达武昌。26日，我们经汉阳抵达汉口。那时，长江支流汉江上挤满了大大小小的船只，我们没办法直接乘船到岸边，只好步行越过那些船只走到岸上。我以为日军已经完全占领了汉口，于是立刻进城，却没有看到日军，城中几乎空无一人。我立刻再次经汉阳返回武昌。

10月28日，我又从武昌出发去汉口。那时候，很多船只泊在江面上，我没法直接上岸，只得越过停泊着的三四十条船走到码头上。汉口市已经恢复了往日的繁荣，我一上岸就可以进餐馆吃饭。街道像和平时期一样安静。

我在汉口待到11月1日。在那段时间里，汉口市完全恢复了常态。11月2日，我随第六师团离开汉口前往岳州。

证人

韦伯庭长：奎廉准将。

奎廉检察官：尊敬的法庭，检方不要求进行交叉询问。

洛根辩护律师：证人可以照例退庭吗？

韦伯庭长：照例退庭。

（证人退庭。）

洛根辩护律师：我请求传唤证人池田龙三郎。

（池田龙三郎被作为辩方证人传唤，在宣誓后通过日语译员作证如下。）

直接询问（由洛根辩护律师询问池田龙三郎证人）

问：请向法庭陈述你的姓名和住址。

答：姓名，池田龙三郎。住址是：杉并区荻窪二丁目九八番地。

问：请看一下递给你的第1142号文件，并告诉我们这是不是你的证词，上面是否有你的签名和印章。

（一份材料交给了证人。）

答：没错。

问：证词上的陈述是否真实准确？

答：是真实准确的。

洛根辩护律师：我提交辩方文件第 1142 号作为证据。

韦伯庭长：照例许可。

法庭执行官：辩方文件第 1142 号将被标为证据第 2555 号。

（辩方证据第 2555 号被接受。）

洛根辩护律师：现在我宣读辩方文件第 1142 号，即证据第 2555 号，从第 2 段开始：

（宣读）

1938 年 7 月，我被任命为第四师团一号交通线指挥官（时为大佐），我以此身份参与了攻打武汉的军事行动。汉口攻陷后，我在那里一直待到 1940 年 3 月。

起初，我驻扎在安庆，负责为第二军供应物资。后来，我接到华中日军司令官畑俊六将军的命令，离开安庆前往九江。在那儿，我负责与该军司令部联络。关于即将对汉口发起的袭击，司令部发出指示，详细说明了即将采取的具体措施，以保护汉口的外籍人士权利和中国人民及其财产。汉口攻陷后，我坐船去了那里，于同年 11 月 2 日抵达。

我到达汉口的时候，长江上停泊着两艘外国炮艇（艇上挂着第三方国家的国旗），江面上有 1 000 多艘大小船只、小艇（驳船等）。沿江的公路似乎没有遭到破坏，也没有任何变化。我们上岸后，在三井物产分公司建立了交通线总部，负责为军队安排住宿和物资供应事宜。所需采购物资均以合理条件直接从中方购入，并且每日向劳工支付薪水。我们严禁士兵直接向中国人索要任何东西。有时运送物资需要苦力，我们就通过当地一个卍字会（万字会）雇用劳工。

而且，我们通过与特务部门的勉力合作，为居民提供舒适的生活条件，向公众开放画廊，还频繁举行舞会。我们因此受到人们的热烈欢迎。汉口市长、和平协会会长，还有其他人民代表纷纷找我表示感谢。

我们还给投降的中国士兵支付薪金，款待他们，常常邀请他们出席宴会，参加体育运动和聚会。因此，没有一个人试图逃走，他们甚至还给我们写了感谢信。

我在汉口时的情况就是这样，除了日本租界被烧得精光之外，所有地区，包括外国租界都非常平静。当然，市内见不到一具尸体。外国租界的情况完全正常，市里其他地区也在不久之后恢复到原来的状态。无论如何，在去往汉口的路上，我没有听到过一声枪响。

另外，军部有令，日军主力不得进入汉口，只有一小部分卫戍部队驻扎在市里。

后来，我有机会见到华中派遣军司令官畑俊六将军，他恳切地告诉我一定要谨言慎行，谨防引起任何与保护人民和外事相关的麻烦。他的指示中所体现的谨慎，非常令人钦佩。

根据派遣军司令部的详尽指示，我们在汉口市施行新的安排政策，采取充分措施防洪抗灾、保护环境卫生等，为汉口供应物资，并维持秩序。一切都进行得很顺利。

我在汉口期间，有人提出计划，在汉口为战争中牺牲的中国士兵建一座忠魂碑。对此我提出看法，表示建在中山公园更好。

不管怎样，中国人民对日本并无敌意，这是我亲眼所见。这一事实证明日本人没有采取过任何暴力行动。

日期标注为 1947 年 8 月 11 日，于东京。

证人

韦伯庭长：奎廉准将。

奎廉检察官：尊敬的法庭，检方不要求进行交叉询问。

洛根辩护律师：证人可以按惯例退庭吗？

韦伯庭长：照例退庭。

（证人退庭。）

洛根辩护律师：我请求法庭传唤证人宫崎周一出庭作证。

（宫崎周一作为辩方证人被传唤，在宣誓后通过日语译员作证如下。）

直接询问（由洛根辩护律师询问宫崎周一证人）

问：请向法庭陈述你的姓名和住址。

答：宫崎周一。千叶县松户市根本四一四番地。

问：请看一下递给你的辩方文件第 728 号，并告诉我们这是不是你的证词，上面是否有你的签名和印章？

（一份材料交给了证人。）

答：这是我的证词，上面有我的签名和印章。

问：文件中的陈述是否准确真实？

答：是的。

洛根辩护律师：我提交辩方文件第 728 号作为证据。

韦伯庭长：照例许可。

法庭执行官：辩方文件第 728 号将被列为证据第 2556 号。

（辩方证据第 2556 号被接受。）

洛根辩护律师：现在我宣读辩方文件第 728 号，即证据第 2556 号，宫崎周一的证词，从第 2 页第 3 段开始：

（宣读）

1938 年 7 月至 1939 年 10 月，我在华中派遣军司令官畑俊六麾下第十一军任参谋。1944 年 8 月至 12 月，我在华中派遣军司令官畑俊六麾下第六派遣军任参谋长。

首先,对华中派遣军来说,武汉行动是规模最大、最重要的军事行动,因此,在执行过程中,速度是第一要务。尽管如此,我军依然极其谨慎地维持着该地区的和平与秩序。我们制定了各种具体措施确保中国人民的人身和财产安全,更不必说在武汉的外国公民的权益。南京失守后,武汉成为蒋介石政权的军事政治中心。本次行动纯粹是出于攻占武汉地区这一军事目标,并计划在该地区前线击溃中方约150个师的兵力。我军主力被派往信阳—汉口地区及岳州—通山地区,并没有直接派往武汉地区。派往武汉的兵力仅1个师团和1个混合旅团,不足总兵力的1/10。在攻打过程中,我军只在前往武汉途中与敌军进行了几场激战。当时的情况是,从派往武汉地区的军队中挑选出来的一小部分军队就完成了占领武汉的任务。1938年10月下旬,我们抵达武汉郊区,中国军队落荒而逃,各条前线上几乎见不到一个敌军,没有一场交锋称得上战役。因此,我们可以肯定地说,无论如何,武汉地区并没有遭到战争破坏。在那次战役中,日军空中作战行动也只是攻击了中国地面部队,轰炸了汉口机场的敌机,没有做过其他过分的事,更没有对市区发动过轰炸袭击。占领武汉后,我亲自察看过该地区,可以确认这一情况的真实性。畑俊六司令官仔细考虑过攻占武汉所需采取的军事行动,特别提及普通大楼内的居民、设施等均不在军事目标之列,下令禁止破坏和摧毁。一个例子是,同年10月初,畑俊六司令官向他的下属指挥官下达了命令,起草了"武汉行动限制令"概要,并附有地图一张,详细说明了外国公民和重要中国政治及军事设施的权益。他采取谨慎措施,避免违反国际法,防止占领和毁坏非军事设施。

1938年10月30日,武汉陷落3天后,我乘船沿江北上,于当日下午抵达武昌并进行视察。我发现所有居民都在几天前就离开避难了，市里连一个人影都看不见。我没有觉察到一丝战后的痕迹。两三天后（11月3日），在查看了汉口和汉阳后，我发现中方军队有意在逃跑前炸毁了日本租界、汉阳的钢铁厂和武昌兵工厂。在英国、法国、俄国租界和中国人居住的地方，没有发现战火的痕迹。人群熙熙攘攘，商店门庭若市，夜晚街道上和长江边灯火通明。不过，几天后，长江边上的仓库区着火了，是一个掉队的中国士兵溜回来放的火。那时候，汉口地区的长江沿岸泊着许多第三方国家的轮船和驳船等大小船只，无论如何，我们都不可能在他们面前做出强奸、屠杀一类的非法行为。因此，在汉口市并没有发现战争造成的破坏痕迹。在街道及周边地区屠杀民众更是难以想象的。事实上，11月7日，我们还为死者举行了非常隆重的仪式。如果刚发生过大屠杀，仪式不可能进行得这么迅速，这么平静。

那时候，汉口正爆发霍乱，很多中国人把尸体抛入长江。在长江下游，无数日本海军舰艇正在巡航，有时候他们会使用江水。如果霍乱在日军内部爆发，会导致相当严重的问题，因此日军煞费苦心地制止人们把带有霍乱病菌的尸体丢入长江。

日期标注为1946年12月24日
证人

韦伯庭长：奎廉准将。

奎廉检察官：尊敬的法庭，检方不要求进行交叉询问。

洛根辩护律师：证人可以照例退庭吗？

韦伯庭长：照例退庭。

（证人退庭。）

洛根辩护律师：请求法庭传唤证人森冈隼。

（森冈隼作为辩方证人被传唤，在宣誓后通过日语译员作证如下。）

直接询问（由洛根辩护律师询问森冈隼证人）

问：请向法庭陈述你的姓名和住址。

答：我叫森冈隼。我的住址是东京都目黑区仲根町一九四番地。

问：你已在本法庭作证，是吗？

答：是的。

问：请看一下辩方文件第1227号，并告诉我们这是不是你的证词，上面是否有你的签字和印章？

（一份材料交给了证人。）

答：这是我的证词。

问：辩方文件第1227号中的陈述是否准确真实？

答：是的。

洛根辩护律师：我提交辩方文件第1227号作为证据。

韦伯庭长：照例许可。

法庭执行官：辩方文件第1227号被标为证据第2557号。

（辩方证据第2557号被接受。）

洛根辩护律师：现在我宣读辩方文件第1227号，即证据第2557号，森冈隼的证词，从第2页开始：

（宣读）

　　1938年8月，我隶属于华中派遣军司令部。攻占汉口的军事行动当时正在进行，汉口即将攻陷。那时候我住在上海。我先于下属乘坐飞机去了九江的陆军司令部，在那里，我独自登上了一艘驱逐舰，于28日傍晚抵达汉口。我在日本租界的东边登陆，那个地方靠近河边，距海关大楼约1英里。汉口市的日本租界大部分已经被烧毁，街上很安静，几乎看不到人。我无权进入法国租界，因此，我绕过法租界，来到海关大楼。上级不允许日本士兵进入市区，只能驻扎在郊区，因此，除了驻扎在思明银行的日本宪兵队司令部分队，我连一个日本士兵都没看到。当时我在寻找日军据点，想要安顿下来。然而，我既没有找到日军，也没找到他们的据点。无奈之中，我只好去了海关大楼的码头。江边泊着一艘名为绿丸的船，是运送司令部人员和物资的船舶。我站在码头上向船上的人员大声呼喊，然后走近那艘船，请求在那里住宿，他们同意了。

10月28日20:00多，我登上了绿丸，在那儿住了6天，也就是到11月3日。除了白天上岸办事，其余时间我都呆在船上。绿丸三四十英里开外停着一艘外国船，附近还有许多中国帆船。沿江靠岸停着英国和法国炮艇，远处能看到日方驱逐舰。我在绿丸留宿期间，汉口市非常安静。我从没听到过枪声，也没见到码头周围有谁杀人。码头附近的海关大楼被用作运输总部办公室，从大楼的窗户望出去，周围一览无余。因此，不可能发生枪杀和谋杀事件。汉口被日军占领后，被明确划为两个防区，即陆军防区和海军防区。同时，攻占汉口时，大部分长江流域由海军把守，陆军士兵不允许进入该区域。这些防区后来或多或少做了调整。

日期标注为1947年4月15日
证人

韦伯庭长：奎廉准将。

奎廉检察官：尊敬的法庭，检方不要求进行交叉询问。

洛根辩护律师：证人可以按惯例退庭吗？

韦伯庭长：照例退庭。

现在休庭，明天9:30继续开庭。

（16:00休庭。）

1947年5月7日，星期三
日本东京都旧陆军省大楼内远东国际军事法庭

（9:30 开庭。）

法庭执行官：现在，远东国际军事法庭继续进行。

韦伯庭长：所有被告均到场；除非我另有声明，所有被告均应出席每次庭审。

法庭要求所有律师——所有辩方律师，包括日本律师明天9:30开庭前到场，听取法庭的重要通告。该通告与辩方律师直接相关，但检方律师到场听取也无妨。

洛根先生。

洛根辩护律师：请求法庭传唤证人益田兼利出庭作证。

（益田兼利被作为辩方证人传唤，在宣誓后通过日语译员作证如下。）

直接询问（由洛根辩护律师询问益田兼利证人）

问：请向法庭陈述你的姓名和住址。

答：姓名，益田兼利。住址是：东京都新宿区市之谷第一复原局。

问：请看一下辩方文件第261号，告诉我们这是不是你的证词，上面是否有你的签名和印章？

答：这是我的证词。

问：文件中的陈述是否准确真实？

答：是的。

洛根辩护律师：我提交辩方文件第261号作为证据。

韦伯庭长：照例许可。

法庭执行官：辩方文件第261号被标为证据第2558号。

（辩方证据第2558号被接受。）

洛根辩护律师：现在我宣读。

辩方文件第 261 号，即证据第 2558 号，益田兼利的证词。从第 2 页顶部、即第 3 段开始：

（宣读）

我参与了攻占桂林的行动，时任中国派遣军司令官麾下第十一军参谋。桂林城周围环绕着岩石嶙峋的山岗，高达几百米，难以攻克。敌军躲在山上防御，我军在进攻的过程中伤亡惨重。另外，城中丘陵密布，中方士兵计划占据有利地形负隅顽抗。中方军力为 4 个师（约 2 万人）。日军逼近前，中方军队下定决心要坚守桂林直至最后一刻，他们命令全体居民撤离，禁止居民带走自己的必需品（关于必需品这件事是我的猜测），把必需品留给中方士兵（我记得截获过这条命令）。两军对峙开始时，城里的居民都已经跑光了。因此，敌人抵抗到最后一刻，我们花了一周时间才逼近桂林城。由于我军东边分队过了河，从城市东边发动猛烈攻击，两天后，敌军终于向西南撤退，我们成功攻下桂林。

日本飞机只轰炸了桂林南部的机场，从没轰炸过城区。攻打桂林时，对比中日双方空中兵力可以发现，中方约有七八百架飞机，其中包括美国在重庆的空军分队，而我军仅有 150 架。其中，在轰炸机方面，我军只有不到 30 架轻型轰炸机。空中兵力相差悬殊，我们所能做的只是利用几架飞机进行侦查。制空权完全掌控在敌人手中，我们绝没有能力在这种情况下发动轰炸。因此，我们这一地区的地面部队只能在没有空中兵力支持的情况下和敌人对抗。

在湘潭—桂林行动中，日本军方根本没有轰炸市区（在衡阳，我们的确轰炸了军事基地）。日军占领长沙城后约一周，敌军集结大批飞机，包括美军的 B25 型飞机在内，于光天化日之下发动轰炸，城市遭大火烧毁。结果，很多中国公民死于轰炸，日军也伤亡惨重。

衡阳行动也是如此。占领衡阳之后，我们把战俘关押在城中，大约一周后，10多架中国飞机组成的机队扫荡并轰炸了城区，造成大规模破坏。出于这个原因，我方占领桂林之后，不允许军队进入城区。这样敌机也没有来轰炸桂林。

由于司令官畑俊六提前就军纪和公共道德发布了非常严格的命令，就连最细微的地方都没有半点含糊，我们都尽力避免违反司令官的命令和指示。因此，在湘潭和桂林行动中，我军绝对没有做过掠夺、强奸、屠杀中国居民等犯罪行为。

1946年12月24日签字
证人

向检察官：尊敬的法庭，我们不要求对此证词进行交叉询问。

洛根辩护律师：证人可以照例退庭吗？

韦伯庭长：照例退庭。

（证人退庭。）

洛根辩护律师：请求法庭传唤证人铃木忠纯。

（铃木忠纯作为辩方证人被传唤，在宣誓后通过日语译员作证如下。）

直接询问（由洛根辩护律师询问铃木忠纯证人）

问：请向法庭陈述你的姓名和住址。

答：姓名，铃木忠纯。我的住址是：东京都杉并区荻窪二丁目一零七番地。

问：请看一下递给你的辩方文件第416号，并告诉我们这是不是你的证词，上面是否有你的名字和印章？

（一份材料交给了证人。）

答：文件上有我的名字，也有我的印章。

问：文件中的陈述是否真实准确？

答：有一些错误。

问：请告诉我们有哪些错误。

答：第3段我的职业，在这份证词里写着，从昭和十三年（1938年）7月到战争结束，我一直在中国派遣军任职，这是错误的。

问：事实应该是什么？

答：1938年我去了中国，1941年7月返回日本，1945年4月再次前往中国，在那里一直待到战争结束。

问：还有其他需要纠正的地方吗？

答：没有了。

洛根辩护律师：我提交证人修改过的辩方文件第416号作为证据。

韦伯庭长：柯明斯-卡尔先生。

柯明斯-卡尔检察官：庭长阁下，检方反对这份证词，有两点原因。

首先，它只涉及一个问题，而检方并没有就这个问题提出指控。当地的军事法庭是否对日本被告宽大处理，不属于检方举证的内容。

第二个反对理由是第4段，证词中唯一重要的内容完全基于未出示或未说明的文件，对基于此原因的反对意见，法庭已经多次表示支持。

洛根辩护律师：关于第一条反对理由，说这份证词中所陈述的问题检方并没有提出过指控，我需要提醒检方，在整个案审中，检方一次又一次询问各位证人，并根据证人的推论和供述，试图表明这些被告没有管理好自己的部队。检方甚至还认为，这些被告没有下令或采取适当措施惩罚那些他们声称涉嫌暴行和虐囚的参战指挥官和军官。

关于第二个反对意见，当地军事法庭从未被要求给予日本被告宽大处理，这和第一个反对意见属于同一类别。本案这些被告是否就军事法庭的行为采取了什么措施，与案子密切相关。

第三个反对意见，关于没有对那些文件进行说明，证词本身仅仅提及那些文件，并未引用文件中的内容，如有必要，我可以在宣读完证词后询问证人是否有那些文件。

韦伯庭长：如果你要提到书面指示，就必须向法庭出示，如不能出示，则需提供合理或可信的理由。

第5段中声称贩卖鸦片的人，其中包括韩国人，没有受到惩罚，或者受到的惩罚力度不够。我不知道卡尔先生是不是反对这一点。

洛根辩护律师：我不记得他提到过第5段。我以为他指的是第4段。

柯明斯-卡尔检察官：庭长阁下，关于第5段，唯一的反对理由是内容不相关。

洛根辩护律师：我认为那一段非常相关，也很重要，庭长阁下。卡尔先生这么说不代表这就是事实。

韦伯庭长：反对部分有效，部分无效。这份证词除第4段以外的内容有效。

洛根辩护律师：庭长阁下，请问这是不是因为我们没有出示与第4段相关的文件？

韦伯庭长：有些法官可能会基于这一点做出判断，有些可能不会。我从不询问他们作出判断的理由，也不能这么做。

洛根辩护律师：我之所以这么问，是因为如果确定是我刚才所说的原因，那么我会请求让证人退庭，重写一份证词，并对那些未出示的文件进行说明。

韦伯庭长：我只能说法官们一致认为应该严格遵守规定，出示文件或说明不能提供文件的理由。

这份证词除第4段以外照例许可。

洛根辩护律师：庭长阁下，在这之前，我能否请求让证人退庭？我们将重写证词。

韦伯庭长：我觉得结果是一样的，洛根先生。如果其他法官中谁有异议，他会示意我。目前还没有人这么做。如果重写证词，可能会有两位法官持不同意见，不过仅此两位。

洛根辩护律师：庭长阁下，证人可以退庭吗？

韦伯庭长：在没有获得多数同意的情况下我不能下这个命令，目前我还未获得多数同意。你请求让他退庭，但未获得多数同意，因此，他不能退庭。

现在多数人同意让他退庭。证人照例退庭。

（证人退庭。）

洛根辩护律师：谢谢。

请求法庭传唤证人赤木喜代治出庭作证。

（赤木喜代治作为辩方证人被传唤，在宣誓后通过日语译员作证如下。）

直接询问（由洛根辩护律师询问赤木喜代治证人）

问：请向法庭陈述你的姓名和住址。

答：我的姓名，赤木喜代治。我的住址是：千叶市黑砂町二四一番地。

问：请看一下出示给你的辩方文件第1391号，并告诉我们上面是否有你的签名和印章？

答：这是我的签名和印章，毫无疑问。

问：证词中的陈述是否真实准确？

答：全部内容都真实准确。

洛根辩护律师：我提交辩方文件第1391号作为证据。

韦伯庭长：照例许可。

法庭执行官：辩方文件第1391号将被列为证据第2559号。

（辩方证据第2559号被接受。）

洛根辩护律师：现在我宣读辩方文件第1391号，即证据第2559

号,赤木喜代治的证词。从第 1 页第 2 段开始:

(宣读)

我的职业生涯大致如下:

1919 年,毕业于军事学院;1938 年 6 月 13 日,赴华中战场服役,任第六师团参谋;1939 年 6 月 14 日,在东三省任参谋,后在京城师管区担任参谋长。

3. 华中派遣军占领汉口时,我担任第六师团先锋队参谋,得以率先进城。下面我将讲述当时的战况和城中事态:

由于我们在广西准备追击敌军的时候,第六师团曾承诺将率先进入汉口的荣耀留给东久迩宫稔彦亲王领导的第二军,我师团在追击敌人的时候尽量不逼得太紧,但我们的追击进行得比预想的更快。第六师团的部分军队先行进入了汉口,而第二军却再也没能进城。进入这一重镇时,我师团大部队驻扎在市区外的一所高中里,只有一小部分队伍妥善得体地进了城。

4. 我将从战况开始说起。1938 年 10 月 23 日,第六师团临时组建了一个机动小组,由一个联队的步兵和一些重型坦克、轻型坦克组成,佐野虎太联队长担任指挥,一路追击敌人到广西。由于这里的桥已被炸毁,从 24 日凌晨开始,我军几辆坦克和一个步兵大队沿着公路追击敌人。由于当时我方部队规模较小,前进速度又极快,尽管我们几乎跟撤退的敌人齐头并进,却没有时间去抓捕他们,因此一路上并没有抓到俘虏。我们到达汉口郊区的张公堤时,发现堤坝被蒋介石的军队炸毁了,江水泛滥。我们没法过河,只能无奈放弃追击。机动小组的部分兵力和佐野联队松崎第三大队带着 5 辆坦克赶到现场时,还没来得及逃跑的敌人正在集合等候渡船,很多难民也在等着过河。日军没顾得上看他们一眼,就开始准备过河,并决定利用一艘大帆船和附近 6 条四五个座的小船渡河。

但是，这几条船能容纳的人员实在太少，日军决定让第三大队率先过河。整个渡河过程从24日晚上开始，直到第二天早晨才完成。这时候，对岸的敌人已经逃走了，根本没有发生对抗和打斗。

5. 我也于25日早晨过了河，并在与第三大队指挥官松崎取得联系后，和当时刚过河的少数几个部队一起进入汉口。我们按照常规队列，妥善得体地进入了这一重镇。路上没有遭遇敌军，也没有响起过枪声。整个进城的过程完成得平静且整齐有序，没有杀戮的气氛。由于畑俊六司令官严格维持着军事纪律和道德，我们也严格遵守他的命令，早在进入市区之前，德国、法国、意大利等外国居民过来迎接我们时就这么做了。为了避免麻烦，我们没有经英租界进城，而是在一位法国传教士的引导下走了另一条路。因此，一路上没有遇到麻烦，我们甚至还按照这些人的指示安顿住处。我知道那位传教士还在上海和南京为照顾和保护难民做了很多事。

6. 如我之前提到的，日本军队平静有序地进入了汉口，不可能在进城之后作出掠夺、强奸、杀戮和伤人这些暴行。因此，我从没在市里见到过一具尸体。大部分市民没有逃跑，显然只是锁上了家门。日方进城后不久，他们的商店就重新开张营业。这种情况之下，那里的外国居民对日军颇有好感。占领汉口的时候，海军负责占据江岸地区及日本、法国和英国租界区；陆军则负责监管机场和汉口西部地区。

这时候，长江上航行着1500或1600多艘满载着中国人的中国船只，船上挂着中立国和外国的标记。因此，我认为日军绝不可能在众目睽睽之下在长江边上公开屠杀中国人。

日期标注为1947年1月31日

证人

韦伯庭长：关于这些证词的长度，今天上午和昨天下午，我从其他法官处听到许多反对的评价。它们显然太过冗长。有些法官则认为这个具体问题被过分放大，证据太过重复。我讲这些话并非毫无目的，而是为了给律师提供指导意见。

洛根辩护律师：我可以向法庭保证，辩方记得检方在针对暴行部分的举证阶段提交了大量的证词和文件，因此我们准备了这些证词作为回应。

韦伯庭长：另一位法官注意到这些证词意在否认检方没有指控的问题。

洛根辩护律师：尊敬的法庭，如果其他时候有重复证词出现，我保证我们会遵从法庭的决定。我们只不过是考虑到起诉书第47项罪状，指控日军在汉口犯下了所谓的屠杀罪行，这项指控一定有相关证据。

韦伯庭长：冗长的部分主要是日军行动细节。

洛根辩护律师：我们将按照指示修改，庭长阁下。

韦伯庭长：奎廉准将。

奎廉检察官：尊敬的法庭，检方不要求对此证人进行交叉询问。但检方想说，关于这位证人和另一位证人以及与占领汉口有关的其他证人所提供的证据，所有检方证据都包含在证人多兰斯提交的证据中，在副本3390页，庭长阁下。

洛根辩护律师：庭长阁下，证人可以照例退庭吗？

韦伯庭长：照例退庭。

（证人退庭。）

洛根辩护律师：请求法庭传唤证人大山文雄出庭作证。

（大山文雄被作为辩方证人传唤，通过日语译员作证如下。）

法庭执行官：庭长先生，经核实，这位证人已在本案出庭作证。

韦伯庭长：证人，你之前的宣誓仍然具有效力。

直接询问（由洛根辩护律师询问大山文雄证人）

问：请向法庭陈述你的姓名和住址。

答：我的姓名：大山文雄。我的住址是：东京都千代田区永田町一丁目八番地。

问：请看一下出示给你的辩方文件第 347 号，并告诉我们上面是否有你的签名和印章？

答：这是我的证词。

问：文件中的陈述是否真实准确？

答：是的。

洛根辩护律师：我提交辩方文件第 347 号作为证据。

韦伯庭长：柯明斯-卡尔先生。

柯明斯-卡尔检察官：检方反对。这份证词的第 3 段、第 4 段、第 6 段，原因是这三段内容基于没有出示过的文件。第 6 段没有说明文件不能出示的原因；第 3 段和第 4 段，说明了原因，但在我们看来不够有说服力；第 6 段基于几份没有出示的报告，报告中据说包含书面指示的内容，但书面指示也没有出示；关于第 3 段和第 4 段，第 4 段最后一节试图对这些文件进行说明，说文件之前保存在陆军省，但是战争结束时全部都被烧毁了。但是，请看第 2 段，你们会发现证人在 1945 年 3 月就离开了陆军省，因此战争结束时他并不在场。如果辩方以文件在战争结束时被烧毁来作为文件不能出示的原因，检方希望能够对相关人员进行交叉质证，询问能以自己亲身见闻为该事实作证并回答原因的人，因为检方证据第 2001 号中包含几条要求在战争结束时烧毁这些文件的命令。

韦伯庭长：洛根先生。

洛根辩护律师：庭长阁下，我认为这份文件整体上完整地说明了其中所提及的全部文件。我知道这位证人战后也在东京的法务部工作，他在证词中说文件被烧毁，如果有人对此有质疑，认为他所说的不属实，我建议交叉询问的时候提出来较为合适，而不是传唤其他证人出庭供检方询问。在检方举证阶段，检方多次利用有些文件已被烧毁这一事实，正如柯明斯-卡尔先生刚才所说，他们甚至找到了指示烧毁文件的命令。这一点没有疑问。公正地看，这份证词中阐述了证人对其他证词的想法，而且检方对此证词的重要性和相关度并无异议，因此，鉴于此证词可能存在的证据力，我请求法庭将其接受为证据。尊敬的法庭，我还要补充一下，我记得检方出示过证据证明这些文件已经被烧毁，我不知道再叫其他证人来证明同样的事实有什么作用。

韦伯庭长：如果此证词试图证明某份文件的内容，法庭有权要求辩方给出不能出示该文件的合理解释。目前看来，辩方给出的解释不能令人信服。在中国发布的文件为何要在东京烧毁？既然这些文件对辩方有利，为何还要烧毁？我们认为烧毁的仅仅是那些对被告不利的文件，或者应该说是对日本政府不利的，其中当然包括军事机密。

洛根辩护律师：尊敬的庭长阁下，我认为这些问题可在交叉询问时对证人提出。证人已经解释说文件被烧毁了。文件缺失的原因除了证人解释的烧毁之外，我不知道还能有什么更确凿的原因。如果对此还有任何疑问，检方可在交叉质证时向证人提出。

柯明斯-卡尔检察官：庭长阁下，检方并没有出示过证据证明这些具体的文件已经被烧毁。

韦伯庭长：为什么日本政府要烧毁这些文件？我们不明白。

洛根辩护律师：庭长阁下，如我所说，证人已经作出真实供述，说文件被烧毁了。这已经说明了问题。如果对此还有任何疑问，检方可以在交叉询问时向证人提出来。这份文件不应该因为证人真实地供述说文件被烧毁了而遭到拒绝。

法庭说不理解为什么日本政府要烧毁这些文件，关于这个问题，我想澄清一点，文件很可能是在轰炸时被烧毁了。证人应该知道是怎么回事。

韦伯庭长：一般都认为烧毁和轰炸不是一回事。

洛根辩护律师：我得向法庭说明。每天在这座大楼里来回穿行，我相信我们都知道存放这些文件的大楼已经变成什么样子，这一点无须赘言。

韦伯庭长：但是看一看留存下来的大量文件，这一点不是秘密。

洛根辩护律师：就我所知，那些文件并不全都存放在东京，庭长阁下。

韦伯庭长：有很大一部分是。或许你应该像之前那样，让我们请这位证人退庭，洛根先生。

洛根辩护律师：庭长阁下，我希望对这份证词有个裁定。尊敬的法庭，我觉得不应该有这样的推测，即认为这些文件是由于这份证词中的供述而被故意烧毁。我认为文件被烧毁这个供述足以恰当解释文件缺失的原因，法庭不再要求我们做更多的解释。

韦伯庭长：这些是极为重要的问题，并非我们墨守成规。

休庭15分钟。

（10:45休庭。）

（11:00重新开庭。）

法庭执行官：现在，远东国际军事法庭继续开庭。

韦伯庭长：洛根先生，你还有什么需要补充的吗？

洛根辩护律师：就一点。核实检方举证的记录之后，我们发现1946年10月14日证人河边出庭作证，检方所提供的证词中提到，1945年8月13日起，直到我们接到同盟国命令禁止烧毁文件，那一段时间内，所有秘密和绝密文件以及参谋总部的记录都在东京被烧毁了。

韦伯庭长：这些并不是秘密。

洛根辩护律师：证词中还说，被烧毁的文件包括动员计划、军事行动计划，还有有关战争指导的文件，以及最高战争委员会的档案。

我要说的是，辩方提供的这份证词中没有任何内容表明被烧毁的文件是否属于秘密文件。这一点证人也许可以告诉我们。

1946年10月18日，检方一位名叫真山的证人提供了进一步证据证明文件被烧毁的事实。

韦伯庭长：关于这些军方文件，日本第一复员局应向我们提供一份证书。这份证书必须非常完整，详细解释文件发生的状况，或可能发生过的状况，这样才能有效力。获取这样一份证书很容易，这是我们最起码应该看到的东西。

洛根辩护律师：我得说，提供上述证词的检方证人真山是第一复原局涉外事务主任。1946年10月18日他供述了以上内容，记录在第8076页上。以下是他的部分供述内容：

> 日本参谋本部第一和第二部所有与对苏联发动战争策划有关的文件……参谋本部和司令部位于关东的日本陆军省以及朝鲜军队之间关于日本对苏宣战的军事准备的通信。

他还供述那些文件没有存放在第一复员局。我需要补充的是我方这位证人也来自第一复员局。向他提几个问题很可能就能澄清整个事件。他理应知情。

韦伯庭长：有人认为我宣布的法则适用范围太大，但辩方没有提出过这样的观点。我从没听说过法则只约束提供文件方。

洛根辩护律师：尊敬的法庭，我的观点是，如果证人试图准确地引用一份他无法说明缺失原因的文件，又与该文件有关联，这种情况下，这一法则合情合理，除非证人能够就文件缺失的原因给出令人满意的解释。但是我们现在的情况是这样的——他被指控参与1928年开始的所谓的战争。

韦伯庭长： 我们会视每个案子的不同情况而定，这一点毫无疑问，洛根先生。

洛根辩护律师： 没错。

韦伯庭长： 那么，现在的情况是什么？

洛根辩护律师： 是的，现在的情况正如证词中所述。他说那些文件在战争结束时全都被烧毁了。现在，法庭一直强调说辩方不受证据法则的约束。辩方发现，证词中引用了文件内容，却没有写上两三段文字解释这些文件是被谁烧毁的，什么时间烧毁的，并出示该文件的碎片——除了这位证人作证说文件已经被烧毁，我不知道我方还能出示什么更好的证据。

韦伯庭长： 我建议应该由文件保管人作证，他现在在东京。

洛根辩护律师： 尊敬的法庭，这位证人是法务部部长。在这方面，我认为他是我们能找到的最合适的证人。坦率地说，我不明白为什么检方不愿意对他进行交叉询问，以查明他是否说的是真话。

韦伯庭长： 他在 1945 年 3 月之前担任课长，但那时距战争结束还有很长时间。

洛根辩护律师： 据我所知，战争一结束，他就开始担任第一复员局法务部长。

韦伯庭长： 是吗，我不知道。或许我们应该照惯例接受他的证词，但条件是必须提供文件的证明或说明文件不能出示的原因。你对这一做法有反对意见吗，柯明斯-卡尔先生？

柯明斯-卡尔检察官： 这完全是——尊敬的法庭，我正要指出这一点：烧毁文件的那条命令，即证据第 2001 号，仅适用于落入敌人手中会对日本不利的文件，并且还举例说明了哪些文件应该被烧毁，哪些无须烧毁。

我们现在面临的情况是：一个又一个证人出庭作证，来证明那些未出示的、宣称已经被烧毁的文件中的内容毫无恶意,甚至是充满善意的。

韦伯庭长: 鉴于那条命令,这位证人很难证明这些具体的文件已经被烧毁,但也不一定。情况不容乐观。

法庭执行官: 文件第347号被标为证据第2560号。

(辩方证据第2560号被接受。)

洛根辩护律师: 现在我宣读辩方文件第347号,即证据第2560号,大山文雄的证词。从第2段开始:

(宣读)

关于我的职业,1933年12月至1945年3月,我担任陆军省法务部长。从1942年4月1日起担任陆军法务中将。

不管是在战争时期还是和平时期,陆军省都希望陆军军事法庭在裁量惩罚的时候做到公正严明,并为此一有机会就发布指示通知。至于军事法庭的起诉,陆军省从未进行过任何不合理、不公平的干涉,也没有采取过任何措施施加限制或压力。特别是,陆军省多次发出指示,敦促法庭执行官以最严厉的刑罚处理与军纪或道德相关的犯罪。

即使七七事变爆发之后,上述政策也从未变更。但日方担心在战争期间与军纪或道德相关的犯罪可能会增加,因此在这方面十分谨慎。考虑到特别有必要更严厉地审判战场上的犯罪,陆军省多次发出指示,敦促军事法庭严格行使其职能,一丝不苟地执行指示。

传递这类指示信息的通知之前存放在陆军省,但在战争结束时全部被烧毁了。因此,很遗憾,原始文件现在已经不存在了。但我以上所述内容千真万确,那些收到过该指示通知的人对这一点应该很清楚。

日本军事刑法之前不包含涉及强奸的条款，强奸罪按照一般刑法处理，即受害人应该提出控告，方可构成犯罪。然而，这种处理方式不足以加强军事道德，因此，1942年2月20日，日本制定第3号法律，修订军事刑法，将强奸列为无控告犯罪，刑罚也更为严厉。当前线强奸还是需要控诉的犯罪时，很多案件都难以找到受害者提出控诉。只要受害者不提出控告，就不可能对犯罪者实施惩罚，军事道德就必然不能得到彻底的贯彻。正是出于这个原因才对刑法进行了修订，把强奸列为无控告犯罪，意在更严厉地打击这一犯罪行为。

　　畑俊六将军是一个十分注重军纪和道德的人。我知道华中派遣军司令官或中国派遣军最高司令官畑俊六将军就正式指示向司令部作了数次报告。这些下达给畑俊六将军的口头和书面的正式指示正是为了严格维持军纪和道德。

签名日期为1946年12月24日
证人

韦伯庭长：柯明斯-卡尔先生。

柯明斯-卡尔检察官：庭长阁下，这名证人之前已经出庭作证过，关于在奉天的铁路附近发现中方士兵尸体一事，记录在19617页。

韦伯庭长：我记得他是调查组的成员。

柯明斯-卡尔检察官：是的，庭长阁下。

交叉询问（由柯明斯-卡尔检察官询问大山文雄证人）

问：大山先生，1945年3月之后你从事什么工作？

答：1945年4月1日，我接到一个命令，并在第二天被列入储备名单。根据这一命令，我辞去职务，回到故乡冈山县。同年11月8日，我又被召到陆军省担任法务部长，并于11月11日抵达东京上任。从那时起,我像从前一样继续担任陆军省法务部长。后来,陆军省重组,编入第一复员局,我仍旧担任同一职务。由于陆军省重组,编入第一复员局,我现在仍然担任法律部调查部长。

问:因此战争结束时你不在东京?

答:对,我不在。

问:谁告诉你,你在证词第4段中提到的文件在战争结束时被烧毁了?

答:去年12月,我起草这份证词的时候,曾命令当时的一个下属去调查这件事。那时候,我的这个下属、一位执行官,调查过后告诉我相关文件在战争结束时被烧毁了。

问:他叫什么名字?

答:小峰长三郎。

问:你有没有问过他是否查明了文件被烧毁的原因?

答:我没有听说过原因。他只告诉我这些文件连同其他文件一起被烧毁了。

问:当你担任法务部长时,我想这个部管理着所有军事司法事件,它们都在你的监督之下,是吗?

答:作为法务部长,我不能说所有。法务部主要处理军事司法事务或司法事务。也就是说,法务部主要处理军事司法事务。

问:如果你所说的文件的内容如你所宣称的那样毫无恶意,你现在能解释一下为什么它们会被烧毁吗?

答:我之前说过了,由于我没有调查过这些文件被烧毁的原因,对于你刚才的问题,我没法作出正面回答。

问:关于你在证词第6段中提到的文件,即畑俊六将军向中央作的报告,你没有提到这些报告后来怎么样了。你能说一下吗?

答:畑俊六将军撰写了战地报告,并寄到陆军省,这些报告中有很多关于军纪和公共道德的内容,就在报告的第一页上。我在证词中这一段里提到的内容出自第 1 页或是战地报告最开始与军纪和道德有关的地方。

问：这些报告在哪？

答：这些战地报告涵盖了很多内容，我不知道这些报告现在在哪，但这些报告提交到陆军省之后，曾在各个有关的部内传阅。我也是在那个时候看到的这些报告。

问：在写这份证词之前，你有没有调查过这些报告在哪里？

答：我之前已经说过，我让下属去调查了，我部门的执行官小峰。

问：但你的证词中根本没有提到这些报告后来的下落。你是说你对这些报告也没有作过相同的调查？

答：是的。

问：你之前为什么没有说过？

答：这个，我得说，是我没解释清楚。

问：那你当时为什么没在证词中说清楚呢？

洛根辩护律师：尊敬的法庭，我反对检察官这样提问。1946 年 12 月写下这份证词的时候，我们并不知道有法规要求这些证人陈述这些文件的下落，这不过是在与证人争论罢了。

韦伯庭长：如果柯明斯-卡尔先生没有问这些问题，法庭也打算提出。我们想问，那些指示有没有发布给司令部位于日本的各师团，如果发布过，有没有向那些司令部提交申请请求复印那些文件？证人，你有没有询问过收到那些指示的各师团？

证人：没有，不过我认为这些师团现在也没有那些文件了。

问：你知道烧毁令不仅发给了陆军省，还发给了各司令部和陆军管区吗？

韦伯庭长：烧毁令针对哪些文件，柯明斯-卡尔先生？

柯明斯-卡尔检察官：那些落入敌人手中会对日本不利的文件。语言部，我将宣读证据第 2001 号，从第 2 页第 1 段开始。

(宣读)

比如，与外事、反情报、思想、保安等有关的文件，可以估计国家实力的材料和秘史(如二二六事件)必须马上销毁。

另一方面，密码本、宪兵队职员表、兵籍职员表、未处理的经费和一般事务这类文件在失去用途之前不应销毁。根据提议，特别有价值应保存以便将来使用的文件(比如说，左派人士黑名单等)应巧妙地转移到别的地方。与该文件一起发布的还有另一份文件，详细指示了如何烧毁和藏匿那些文件。

韦伯庭长：你知道这样的命令吗，证人？

证人：因为那时我已不在陆军省担任职务，而是已经退休还乡，我不知道有没有发布过这样的命令，即使发布过，我也不知道具体内容。

语言监督官：在战争结束时。

韦伯庭长：关于这些文件的去向，他不能作为证人。

(继续由柯明斯-卡尔检察官询问大山文雄证人)

问：关于军事法庭审判的指示文件中是否包括1941年之后审判盟军战俘的军事法庭指示？

语言监督官：证人表示问题不清楚。请重复问题。

答：关于军事法庭审判的指示仅针对一般问题，不包括这么详细具体的问题。与军事法庭审判有关的那些指示或指令的重点是关于维持纪律——在日本军队内部严格维持军纪和道德。

问：你在第3段中说陆军省不管是在战争时期还是和平时期，都希望陆军军事法庭能够在裁量惩罚的时候做到公正严明。在你任职法务部长期间，一个名为罗德里克·韦尔斯的人在1944年3月2日，因为散布谣言被你们的军事法庭判刑12年劳役监禁，这事你知道吗？你觉得这能叫公平吗？

答：你说的这个案子我完全想不起来。

问：审核军事法庭对犯人的判决是你的职责之一吗？

答：军事法庭上的判决，即涉及军事法庭判决的报告或文件汇报至陆军省，由陆军省发给相关部门传阅，这样我才有机会看到这类文件。如果我们注意到判决不合法，即没有正确适用法律，我们会指出问题，并力图纠正。

问：你知道根据日内瓦和海牙公约，最高刑罚是 30 天吗？

答：在什么类型的案件中？要根据具体案件。

问：那样的案件就是。

答：我希望你能再说一次，具体一点。

问：对于我所描述的罪行，根据日内瓦和海牙公约，最高刑罚是 30 天，你知道吗？

答：什么类型的犯罪？我认为犯罪种类不同，判决也不同。

问：我已经告诉过你，罪行就是指控中所描述的散播谣言。

韦伯庭长：洛根先生。

洛根辩护律师：尊敬的法庭，我认为，检方提出的与该罪行有关的事实不足，令证人无法就该问题发表意见。只说散布谣言根本没有意义，应该更具体。

柯明斯-卡尔检察官：指控就是这么说的。

韦伯庭长：你有没有提交过有关韦尔斯案子的记录？

柯明斯-卡尔检察官：证据第 1998 号和韦尔斯先生自己的证词，证据第 1666 号，庭长阁下。

韦伯庭长：我觉得这些资料已经足够让证人作出回答。

柯明斯-卡尔检察官：特别是他还证明过证据第 1998 号的真实性，庭长阁下。

韦伯庭长：你最好提醒他这一点，让他回答你的问题。

（12:00 休庭。）

（13：30 重新开庭。）

法庭执行官： 现在，远东国际军事法庭继续开庭。

韦伯庭长： 柯明斯-卡尔先生。

（大山文雄作为辩方证人被传唤，继续在宣誓后通过日语译员作证如下。）

问：请证人查看证据第 1998 号。

（一份材料交给了证人。）

交叉询问（继续由柯明斯-卡尔检察官询问大山文雄证人）

问：这是你证明过其真实性的文件吗，大山先生？

答：我好像没有证明过这份文件。

问：你看到附在文件上的证明了吗？

答：是的，是我的签名。

问：没错。你证明这份文件是根据第一复员局官方记录生成的。这些官方记录是指哪些？

答：生成这份文件的官方记录归第一复员局法律调查部保管。

问：那是什么样的文件？里面包含多少信息？

答：现在只剩些统计表格了。

问：那么，记录那些案子细节的文件也被烧毁了，是吗？

答：我认为是的。

问：你是否知道为何你部门的所有文件都被烧毁了？

答：我问过部门的下属执行官，他告诉我烧毁的不仅仅是这些文件，其他文件也被烧毁了。

问：回到韦尔斯的案子上——从文件末尾开始数，第 8 条就是这个案件的记录。看一看韦尔斯一案的条目。你是说你一点也想不起这个案子了吗？

答：这份文件提到了韦尔斯被判决的事实。但是，案件的内容我并不清楚。

问：现在，文件第 1998 号包含 18 页日文内容，是吗？你的证词是这么说的。

答：是的。

问：一页大约有 10 个名字。

答：是的。

问：我认为，根据公约，每个名字对应的判决都是非法的。

答：关于那一点，我得说判决是依照日本法律作出的。日本军事法庭按惯例不会遵循你刚刚提到的公约。我认为这张表格中所列的判决并不违反日本法律，而且我认为这些在军事法庭上依法作出的判决是公正的。

问：你审核那些判决的时候，是不是决定不遵循公约？

答：请你把问题重复一遍。

韦伯庭长：请日本法庭书记员重复问题。

（日语法庭书记官宣读了问题。）

答：我没权力做任何这样的决定。

问：根据日本军法，犯人有权被告知针对他的指控吗？

答：任何指控或控告的内容通常都会告知被告。

问：为什么只是通常？

答：我的意思是总是。

问：韦尔斯中尉和名单上名字就排在他上面的那位马修斯上尉，虽然曾要求被告知指控内容，但并未被告知，对此你知情吗？

答：我觉得情况不是这样的。我不相信是这样的。

问：日本军事法庭上的犯人有权找人为其辩护吗？

答：在和平时期，日本军事法庭允许律师为被告辩护。但是，在战争时期的特殊军事法庭上，辩护律师是不被允许的。这并不仅仅只适用于战犯，所有日本官员以及普通民众，只要是被告，一视同仁。

问：根据日本法律，宪兵队是否有权进行刑讯逼供？

答：不仅是宪兵队，任何人在调查被告期间都不允许刑讯逼供。

问：依据日本军法，是否允许在不向犯人宣读或不向犯人解释的情况下，逼迫其在某份口供上签字？

答：你指的宣誓或作出证词是什么意思？

问：我没有提到任何关于证词的事。我是说被迫在口供上签字。

答：如果作供，口供会在签字前向签字人宣读。

问：如果军事法庭判定某人死罪，按照日本军法，复核机构是否应该有机会在执行判决前复核案情？

答：原则上，执行死刑需要有陆军大臣的授权。但是，在战争时期，军队司令官可以代替陆军大臣在特殊军事法庭上给予授权。

问：什么是特殊军事法庭？

答：是在军队内部设立的军事法庭，不是在和平时期，而是在战争时期或多事之秋。所有在战地上设立的军事法庭都是特殊军事法庭。

问：1943年的朝鲜算不算战地？

答：我认为那时候朝鲜不能算战地。但是，我认为那里也成立了一个特殊军事法庭，因为那时正是战争期间。

问：你知道山打根战俘营在哪吗？

答：我听说过这个名称，不过不知道是哪国的领土，也不知道在哪里。

问：好的。你审核过对马修斯上尉的判决吗？

答：我想不起这么具体的事务了。关于复核，我需要补充一下，战地报回的判决都是判决的副本，我们只知道判决本身的内容，因为送给我们的只有判决副本，而不是与那些案子有关的记录。但是，从战地送到中央机构的这类判决，或者说这类判决的副本有很多；可因为飞机失事或是轮船沉没，这些副本经常在路上丢失。

问：你的记录中有这份副本，所以它是到过你手里的，是吗？

答：是的，这份表格保存了下来。这也是因为这份表格碰巧在一个军官手中，这份副本在一些主管军官中分发时，他恰好收到一份。

问：你知道马修斯上尉是在军事法庭的判决下达后不到 10 分钟就被枪毙了吗？

答：我不知道。

问：如果是那样，不管是你还是指挥官都不能很有效地复核判决，不是吗？

答：是的，是这样的。

问：应该复核判决的人有责任采取一些措施惩罚相关责任人，不是吗？

答：关于这么具体的案子，除非我了解案子的所有情况和事实，否则很难作出判断。

问：假设情况如我所说，某个人在军事法庭上被判死刑，10 分钟内即被枪毙，这样就没人能复核判决。本应复核该判决的人不应该有责任去惩罚相关责任人吗？

答：我认为不会有哪个案子会在这么短的时间内执行判决。

问：请回答我的问题。假设真的发生了，请回答我。

答：我们会采取严格的措施，这很自然。我说的措施是指根据违法程度施以惩罚，有时候是刑罚。

问：据你所知，就马修斯上尉的案子有没有采取过此类措施？

答：我从不知道有这样的案子。

问：在证词的第 4 段，你提到七七事变的日本罪犯军事法庭。在审判南京暴行案的军事法庭上受惩处的级别最高的军官是什么？

答：现在我想不起来。

问：你记得有军官受到惩罚吗？

答：我对所谓的南京案完全不熟。

问：但 1937 年，你是陆军省法务部长，不是吗？

答：我是。

问：与南京案有关的惩罚记录仍保存在你的部门中吗？

答：我不知道有与所谓的南京暴行案有关的报告。

问：你是说从没收到过审判日军南京暴行的军事法庭报告？

答：不仅如此，不仅限于南京案，所有类似案件的军事法庭报告都是如此。我的意思是，在这些报告中，我没有见过，也想不起来曾见过此类报告，也没见过以所谓的南京暴行为题的报告。

问：或者有什么与它有关的，或因它而起的？

答：我记得收到过军事法庭关于审判在南京地区犯罪的日本军官和士兵的报告。但是，我不记得有谁因为你说的暴行被军事法庭惩罚。

问：辩方证人日高先生告诉我们，关于那些暴行的控诉被转到了陆军省。你收到过吗？

答：我的部门里没有这样的文件，因为这超出了法务部的司法权限。

问：如果有人控诉日军的犯罪行为，那不该由法务部负责处理吗？

答：对的，不该由法务部处理。

问：你知道有大量关于日本士兵在南京犯下强奸行为的控诉吗？

答：你能给我解释一下你所使用的控诉一词是什么意思吗？

问：1937 年，南京的国际委员会发出的报告被转到陆军省，报告中含有大量对强奸的指控，你知道吗？

答：我不知道有这样的抗议，也不知道报告被转交至日本。这不归法务部管辖。但是，如果有刑事犯罪的案子，通常相关文件会流转到法务部，但我不记得那时候有这样的文件送到我办公室。

问：如果这样的文件流转到你手里，你应该有责任下令调查，然后提出指控吗？

答：那是战地军队的职责。中央机构并不直接下令。不过，如果这样的犯罪案件确实发生了,那么陆军大臣或参谋总长会向战地指挥官下达命令,要求更严格地维持军事纪律,并采取适当的措施惩罚犯罪的人。但是,只在特别重要的情况下才会这么做,如果每次出现什么情况,陆军省或参谋本部就下达这样的指示或命令,并不符合常情。

问：你在证词第 5 段中说,1942 年 2 月 20 日,军事刑法修订了关于强奸的条款,原因是之前的法律条文不完善。你是怎么知道条文不完善的?

答：我说不完善的意思是指在军事刑法修订之前强奸都是基于控告的犯罪。强奸被视为基于控告的犯罪,因此,如果没有人提出指控,就没办法恰当地处理案件。

问：根据你的说法,是否因为你知道有很多强奸案没有得到处理,所以你才注意到有必要对军事刑法进行修订?

答：是的,我们从战地发来的报告了解到有很多起这样的事件,战地发生了无数起强奸案;就这样的强奸案,中央机构下达了命令,要求严格处理。

问：那些无数的案子大部分发生在中国,尤其是南京,不是吗?

答：不一定。

问：那是在哪里?

答：在中国。不仅是南京,中国其他地区也有人因为这样的罪行受到惩罚。

问：如果在南京的确发生了这样的情况,为什么你们花了 5 年时间才决定修改法律?

答：把基于控告的犯罪修改为无控告犯罪并不是因为南京发生了某些具体的案子。作出这样的修订是因为那时候在中国的其他地区也发生了这样的犯罪行为。

问：那么长的时间里,在与中国交战的 5 年间,将刑法维持在一种在你看来对强奸罪行无法施以惩罚的状态,这令你感到满意?

答：我从未说过带有那种含义的话。修订法律是一件很困难的工作，我们花了几年才得出进行修订的结论——修订刑法的想法是在完全意识到那个问题后好几年才提出的。

问：最后一个问题，关于文件的烧毁。你回到第一复员局之后有没有任何文件被烧毁？

答：我回到第一复员局后，没听说过有文件被烧毁。但是，我不能说这包括所有文件，因为有些我们认为已经完全完成使命的文件被处理了，和平时期也会这么做的。

问：我想说的文件名叫《大本营绝密战争日记》。你是否知道1945年10月和11月间，你的部门里有一个调查关于缅甸和泰国的战俘指控的委员会，另一个委员会对马来亚的战俘进行类似的调查？

答：我不知道是不是有委员会专门负责你提到的这些地区，不过确实有一个委员会调查战俘事务；也就是说，第一复员局有一个针对战俘事务的调查委员会。

问：他们的报告是本案的证据，该报告逐字引用了那本绝密战争日记，你知道吗？

答：请重复一遍问题。我没听清。

问：书记官，请重复一次。

（法庭书记官宣读上一个问题。）

答：我对这么具体的事情不知情。

问：过去两个月间，国际检察局的官员没有就此询问过你吗？

答：没有，没有问过我。

问：你不是说所有的文件是在1945年8月被烧毁的吗？

答：我不记得说过这样的话。

问：如果1945年10月委员会得到了这些文件，那么就不可能是在8月被烧毁的，是吗？

答：是的，我想是这样的。

问：那么，现在文件在哪里？

答：我不知道，也想不起来那份文件的下落。

韦伯庭长：证人，你说根据日本法律，强奸是基于指控方能成立的罪名，你是否混淆了强奸和通奸的概念？

证人：这两者是不同的；但是，强奸和通奸都是基于指控的罪行。

问：我问完了。

韦伯庭长：洛根先生。

再次直接询问（由洛根辩护律师询问大山文雄证人）

问：检方提到了证据第1998号，罗德里克·韦尔斯的案子。你还记得今天上午被问到过一些相关问题吗？

答：记得。

问：你被问到，因为被指控散布谣言而被判12年劳役监禁是否太过严厉，是否违背海牙公约和日内瓦公约，是这样吗？

答：我是这么理解的。

问：可检方没有提醒你，在同一份文件中，就在检方所宣读的文字散布谣言下面，分号后面还有一项指控触犯战俘处罚法。他没有告诉你，是吗？

韦伯庭长：柯明斯-卡尔先生。

柯明斯-卡尔检察官：庭长阁下，没有细节的指控根本不能称为指控。我认为散布谣言可视为触犯处罚法的具体细节。

洛根辩护律师：不考虑检方的理解，这两者是不同的指控吗？

证人：是的，我认为是两项不同的指控。

韦伯庭长：你认为？你应该知道到底是什么。

证人：是的，我声明它们确实是两项不同的指控。

洛根辩护律师：我将证据第1965号出示给你。请看一下文件上做标记的地方。

韦伯庭长：从证据本身看，很显然触犯战俘处罚法是指违反某种刑法，因为大部分案子中，具体的犯法细节都会明确，即使不是每个案子都如此。

洛根辩护律师：请看一下战俘处罚法。对于证据第1998号中提出的对罗德里克·韦尔斯的指控，你能找到哪项条文规定此类指控会面临12年乃至12年以上的监禁？

韦伯庭长：如果他找不到，只能说明韦尔斯一案判罚过重且不合法。柯明斯-卡尔先生。

柯明斯-卡尔检察官：尊敬的阁下——

洛根辩护律师：我的问题还没有得到回答。

证人：我可以回答吗？

洛根辩护律师：可以。

证人：这里有两项指控，第一项是散布谣言，这违反了军事刑法，对此类罪行的处罚不超过7年监禁。第二项是关于触犯战俘条例，不同的指控对应不同的惩罚，最高可判死刑。这一战俘处罚法中有各种指控和判决，轻则1年、重则死刑。从这份文件表面来看，我得说在韦尔斯的案子中，他以散布谣言罪和触犯战俘处罚法的罪名被指控；因此他是因为两罪并罚判刑12年，我觉得这是合法的。

柯明斯-卡尔检察官：庭长阁下，我的辩方朋友在前一个问题中表示我向证人所提的问题有失公允，在结束这个问题的讨论之前，请您看一下证据第1998号第9页。

洛根辩护律师：尊敬的法庭，我觉得检方律师不应该这样打断我们。他在刚才的交叉询问中有机会提问。如果他还有问题，我问完后非常乐意再次让他提问。

韦伯庭长：我一直在注意第9页，尤其是倒数第3条：散布谣言；以及括号中的触犯战俘处罚法。

柯明斯-卡尔检察官：我就是想提醒这一点。

洛根辩护律师：我们回到马修斯的案子上吧。指控罪名为间谍活动，分号。

语言监督官：请告诉我们马修斯上尉的案卷中，你所说的指控罪名在哪一页，洛根先生。

洛根辩护律师：第 11 页，韦尔斯之前那页。

间谍活动；密谋叛变，触犯战俘处罚法；散布谣言。

根据日本法律，如果军事法庭上出示的事实证明那些指控为真，如检方证据第 1965A 号中呈现的那样，那么死刑判决符合法律吗？

答：是的，符合法律。

韦伯庭长：间谍罪在任何审判中都是死刑。

洛根辩护律师：如果事实支持韦尔斯案子中提出的指控，按照日本法律，你会认为 12 年监禁的判决过重吗？

柯明斯-卡尔检察官：庭长阁下，证人在这位辩方朋友的建议下亲口告诉我们，散布谣言最长监禁 7 年；至于第 2 条指控，如果存在的话，第 2 条指控不够具体，证人无法知晓这个判决是否有效。

证人：不是这样的。我这么说是因为这份文件中提到触犯战俘处罚法。

柯明斯-卡尔检察官：你不是说有两条不同的指控吗？

洛根辩护律师：他没有那么说，庭长阁下，他说他认为是这样。

语言监督官：证人刚才声明：我声明它们确实是两项不同的指控。

证人：（继续）根据这张表格，韦尔斯因两项罪名被指控：一项为散布谣言，另一项为触犯战俘处罚法。我认为判决合法，因为散布谣言最高判决是不超过 7 年监禁；触犯战俘处罚法因具体情况和罪行程度而异；因此如果两罪并罚，可达到判处死刑的程度，因此两项指控叠加被判 12 年是合法的。但是，对于第二项指控，我不知道指控的细节因此没法做出准确的供述。根据日本法律，如果有两条指控，那么这些指控合为一项判决，较重的判决应包含并吸纳较轻的判决。

韦伯庭长： 休庭15分钟。

（14:45休庭。）

（15:00重新开庭。）

再次直接询问（由洛根辩护律师询问大山文雄证人）

法庭执行官： 现在，远东国际军事法庭继续开庭。

韦伯庭长： 洛根先生。

洛根辩护律师： 我不确定这个问题是不是问过了，庭长阁下。

韦伯庭长： 我不知道他有没有回答完，洛根先生。

（继续由洛根辩护律师提问。）

洛根辩护律师： 回答完了吗？

答： 是的。上一个问题回答完了。

洛根辩护律师： 我不知道这个问题是不是问过了，但我还想问一下，确定一下。对于军事法庭的判决，你有复核的权力吗？

答： 我没有这个权限。但是，我拥有的权限是，如果出现非法和违法判决，我可以提请陆军大臣注意。

洛根辩护律师： 关于马修斯案或韦尔斯案，你有没有见过庭审记录中的完整案情文件？

答： 没见过。而且，这样的记录不会被送到陆军省。

洛根辩护律师： 我问完了。证人可以按惯例退庭吗？

韦伯庭长： 照例退庭。

（证人退庭。）

洛根辩护律师： 我宣读辩方文件第823号，即证据第2479A号。请求法庭传唤这份证词的证人河边正三。

（河边正三被作为辩方证人传唤，在宣誓后通过日语译员作证如下。）

韦伯庭长：你之前在本法庭的宣誓仍然有效。

洛根辩护律师：我跳过证词第1页和第2页开头部分，因为之前已经宣读过。我将从第2页的第1段开始。

韦伯庭长：萨顿先生。

萨顿检察官：尊敬的法庭，检方反对并提议删去证词的三部分内容：首先，第3页的第3段那部分提到帝国大本营发布的一项命令及根据命令需采取的军事行动。

韦伯庭长：你为什么想要那种命令的确凿证据？

萨顿检察官：我们认为，不说明原件就介绍文件的主旨，违反了规定。

韦伯庭长：我们遵守规定只是为了目睹一份很重要的命令。对于与这个问题无关的军事行动我们并不关心。

萨顿检察官：第二项反对——

韦伯庭长：既然你选择放弃第一项，我同意。

萨顿检察官：是的。从第4页底部开始的那一段开头的两句话，包括第4页最后3行和第5页开始5行。

第三项反对针对整个第12段，该段就一句话，在第8页顶部。

既然没有解释为什么不能出示命令的原文件，我们认为，证人不应该被允许为那些内容作证。

韦伯庭长：洛根先生。

洛根辩护律师：我认为没必要在这一点上争论。我们过去已经充分讨论过这些命令有无必要出示了。

韦伯庭长：当然，前面两项反对必须成立。

直接询问（由洛根辩护律师询问河边正三证人）

洛根辩护律师：（宣读）

1. 从1938年2月到12月，我在华中派遣军司令官畑俊六将军手下担任参谋长,随后从1942年8月到1943年夏,我在中国派遣军司令官畑俊六将军手下担任参谋长。

2. 畑俊六将军被任命为华中派遣军总司令官,接替松井石根将军。但是,他的职责和他的前任松井司令官有很大的不同。他的职责很保守,仅限于维护和平和秩序,兵力大约为6个师团,位于连接南京、杭州、上海的三角地区。因此,他没有从前任司令官松井石根处接手任何关于军事行动的职责与报告。

3. 尽管畑俊六将军职责受限,只能维持和平和秩序,但他还是因为下述原因开展了徐州战役。大概在1938年4月初,华北派遣军到达济南,而华中派遣军到达淮河。但是,第十师团在徐州东边的台儿庄战役中伤亡惨重,第五师团的进攻也受阻,华北派遣军难以继续前进。因此,两大派遣军有必要把敌军驱逐至西部,以确保两军联络。帝国大本营下达命令要求执行这一行动。在这样的情况下,畑俊六将军的部队在5月10日许开始行动,向徐州东部台儿庄的敌军发起攻击,兵力约为3个师团,同时华北派遣军约4个师团也开始进攻,结果是,5月20日前后,敌军被驱离该地区,徐州战役结束。

4. 在徐州战役的最后阶段,大约是5月中旬,帝国大本营发布非正式命令,要求我们执行汉口行动,以华中派遣军为主力。那时候,我们一方面继续徐州行动,另一方面准备汉口行动。这一强制性行动命令着实让我们感到惊恐。6月中旬,我们收到帝国大本营发来的正式命令,要求执行汉口行动。

7月初,我们根据帝国大本营的命令增兵,并针对该次行动重组了整个军队。东久迩亲王率领的第二军和冈村宁次中将的部队增援了我们。武昌和汉口战役定于初秋。

10月26日,攻陷汉口。11月3日,畑俊六司令官正式入城。那时汉口的百姓很镇定,秩序井然,建筑物完好,很难看出城里最近打过仗。

攻克武昌和汉口时,我们遇到敌人的抵抗,一直到我们前进到了城外两三里的地方。在那之后,几乎没遭遇什么抵抗,可以算得上是没有流血的占领;因此,士兵们很平静,完全没有激动的情绪。

韦伯庭长:下面一段第一句话必须删去。
洛根辩护律师:(继续宣读)

我们还与海军就使用市内建筑一事达成了明确的协议,从军队各部挑选最优秀的士兵进入市里。也就是说,我们把参与战役的部队调到后方,把第十二师团最优秀的人员派进市里,这些人不但接受过完整的训练和良好的教育,而且性格温和忠顺。我们下了严格的命令和指示,万事小心。我们认为在汉口未发生过一例违反军纪的事,如屠杀、暴力、劫掠等。我们没有接到什么报告,也没有听说这类事情。我在报纸上看到有人为汉口屠杀作证,我很吃惊竟有这么不可思议的作证。

参与汉口战役的陆军和海军航空兵部的基地分别在南京和九江,处于完全不同的指挥下。但是,航空兵部的部分兵力被调去攻打广东,兵力大幅度减少了,因此没有实施远距轰炸。

5. 华中派遣军与广东行动无关,所以对于转移部分航空兵力,我们很不情愿。

6. 华中派遣军与张鼓峰事件也无关。满洲的日军本来答应给我们增加空中支援,张鼓峰事件的发生使得派援的事变得没有可能。那时候华中派遣军正忙于执行汉口行动,因此我们对此很愤恨。

7. 畑俊六将军作为华中派遣军司令官的权责被保守地限制为维护和平和秩序。他没有足够的兵力,不得不听从帝国大本营的命令，按照他们的指示获得增援才能采取军事行动。他没有独立行动的权力。

中国派遣军司令官的权力被限制为战略行动和军事管理，进攻行动不在权限之内。

我略过下面一句。

8. 自从兴亚院成立后，司令部处理的政治和经济事务被移交给这个兴亚院，但是事实上直到兴亚院组建工作完毕之前，根据中国当局的要求，这些事务处处都是由特务机构处理的。

我略过下一段。

10. 中国的共产党部队力争赢取民心，在其控制的各个村庄，日军遭到了所有百姓的抵抗。日军一进入村庄，共产党部队就钻进地道，因为我们没法将其和村民辨别开来，这使我们难上加难。在那些地区，我们的战斗对象只能毫不区分平民和军人。

中国派遣军与中国的鸦片问题也无关。我们对此毫不知情，也从未通过贩卖鸦片牟利。中国派遣军的秘密资金是由陆军省提供的，而且我们没有其他经费来源。因此，司令部与鸦片问题无关，这很清楚。但我不太确定特务局或特务机构对此了解多少。

我略过下一段。

13. 畑俊六将军被任命为司令官后，华中派遣军司令部起初设在上海，后来搬到了南京。然后，在1941年3月，他被任命为中国派遣军司令官，接替西尾大将，那时中国派遣军司令部设在南京。

因此，畑俊六将军担任华中派遣军司令官（1938年）时起初在上海，在武昌—汉口战役中，他下令调遣司令部到位于南京的部队。他于8月25日离开那里，把司令部移到九江，并在那里待到10月30日。11月3日，他进入汉口，在那里待到同月中旬。为阵亡军人举行慰灵祭后，他直接返回了南京。

14. 畑俊六将军任华中派遣军司令官时权责相对受限，只是维护占领区域的和平和秩序；因此他特别重视维持军纪。他到达上海不久就举行了师团长级会议。我记得很清楚，会上他对维护军纪做了十分认真的指示。畑俊六将军没有参与过显著的军事行动，相应地，他也没有做过什么令人不齿的事情。

签名为 1946 年 12 月 6 日于巢鸭监狱
证人

请等一下。我还有一个问题要问这位证人，尊敬的法庭。

洛根辩护律师：汉口战役什么时候开始的？

答：汉口行动是这样开始的：徐州战役之后，5月份时，时任陆军参谋部第一部长的桥本少将过来说华中派遣军最近可能需要参与对汉口的行动。我认为那是汉口战役的开始。但这个——他还声明说这只是这件事的初步预通知。后来，在此次谈话的基础上，日本华中派遣军占领徐州—庐州，为汉口战役做起了准备。

洛根辩护律师：我问完了。你可以开始询问了。

韦伯庭长：萨顿先生。

萨顿检察官：尊敬的法庭。

交叉询问（由萨顿检察官询问河边正三证人）

问：畑俊六将军什么时候被任命为华中派遣军司令官的？

答：1938 年 2 月。

问：畑俊六将军接任时，中国南京北部和西部有没有哪里已经被华中派遣军占领？

答：占领的地区从南京北部延伸到蚌埠，南京西边则延伸到芜湖。现在我想不起距离有多少了。

问：华中派遣军那时占领的区域分别由南京北部和西部延伸多远，你知道吗？

答：两个地方，蚌埠和芜湖，分别是最北部和最西部的边界。

问：华中派遣军离淮河有多远——

答：占领区最北部的边界就是我刚刚提到蚌埠，从蚌埠可以俯瞰淮河。

问：帝国大本营是什么时候下的命令，从而最终攻占徐州的？

答：我记得是在4月份接到的命令。

问：徐州行动时，畑俊六将军麾下有多少兵力？

答：大约6个师团和1个旅团。

问：6个师团和1个旅团有多少士兵？

答：将近10万人。

韦伯庭长：你为什么问这些细节？我们对这些问题很清楚了。

问：畑俊六将军进攻台儿庄时中国军队兵力有多少？

答：我听说那时候台儿庄聚集了20多万的中国军队。

问：中国军队有没有激烈抵抗？

答：并不激烈。我重申一下。华北派遣军进攻台儿庄的时候，附近聚集的中国军队抵抗十分激烈。

韦伯庭长：这个问题有什么变化吗？这类问题已经在许多证词中提到了，而我们觉得没有必要。我们很乐意见到这位证人没在其证词中列出这些，也希望不要由你再次提起，萨顿先生。

萨顿检察官：这位证人在证词中作证说畑俊六将军没有参与重大行动。

韦伯庭长：与那些事相关的交叉询问毫无用处。

问：汉口战役之前，畑俊六将军获得了多少军队的增援？

答：总共大约 7 个师团的增兵。

问：请你注意畑俊六将军接受审问时的供述，即证据第 256 号，在庭审记录副本第 3445 页，他被问到从北面派给他的兵力有多少，他尽管表示不确定，但他觉得约有 30 万～40 万。你认同畑俊六将军的回忆吗？

答：我不明白为什么这些兵力从北边赶过来。

问：这是回答汉口战役前，多少兵力——多少军队从北部赶去增援他。

答：现在我明白了。据我回忆，从北部赶来的增兵有 4 个师团，1 个装甲旅团，由东久迩亲王指挥。

问：徐州到汉口距离多远？

答：徐州和汉口完全不在一个方向。

问：这两个城市距离多远？

答：飞机大约 2 小时，我觉得大概相距 600 公里。

问：南京和汉口相距多远？

答：距离差不多。

问：驻守汉口的中国军队由哪个将领指挥？

答：我不确定，听说是陈诚。

问：攻势进展顺利吗？

答：碰到了困难。

问：是因为这次行动碰到了困难，因此畑俊六将军对调走一部分空军到广东这事感到气愤吗？

答：在进攻汉口的困难时期调走一部分空军到广东这事，感到愤恨的人是我。

问：你在证词中使用了我们愤恨这样的字眼。我们指谁？

答：指我自己和我的下属。

问：你说满洲的日本军队曾承诺派空军增援华中派遣军，后来却未能兑现，当时是否正因为进攻汉口形势艰难才让你对此事感到愤恨？

答：我只是就那时的回忆和印象表达了两点。一是从关东军处派援的计划没有实施，对此我非常不满。这是一点。另一点是表达之前提到的那时候我的心态和感受，在进攻汉口的关键时期，我们的一部分空军被调往别处参加行动，对此我很不满。

韦伯庭长：那很有意思，但不是我们所关注的。证人偏离主题讲出这些话也不能全怪他。

问：你在证词第2页、第6页、第8页三次提到畑俊六将军作为华中派遣军司令官的职责较为保守。日军是否——台儿庄战役、占领徐州、攻占武昌及汉口的战役是否也是畑俊六将军保守职责的体现？

答：那是另一码事，不是一回事。首先我提到他的主要——我仅仅只是提到最开始他的主要职责是那些，你所说的行动是司令官接到新任务后所下令采取的行动。

韦伯庭长：我想代表一位法官问一个有关的问题。

你说在共产党部队转入地下活动的地区，你们不得不以普通中国民众为敌，这是什么意思？

证人：我提到在一些共产党军队活动的地区，想要区分共产党军队和普通民众很难，被指派对共产党实施惩罚性行动的日军发现要辨认共产党军队十分困难。

韦伯庭长：那么，结果他们是怎么做的？后来日军怎么做了？

证人：结果，日军被要求采取非常小心谨慎的态度。

韦伯庭长：仅此而已？

证人：我没有要补充的了。

（萨顿检察官继续提问。）

问：那就是你说的以民众为敌？

答：这么说不准确——用与民众为敌这样的字眼不准确。

问：你在报纸上看到有人为汉口屠杀作证是什么时候？

答：具体日期想不起来了，但我记得有一份报纸报道过庭审过程。

问：你还记得证人是谁吗？

韦伯庭长：哎，萨顿先生，这样的事是有限度的。我知道你很谨慎，但是你的大部分问题都没有得出值得考虑的答案。

问：汉口陷落后，多兰斯证人看到日本士兵用脚踢被俘的中国士兵，把他们扔进长江，并枪击那些浮出水面的人？你是怎么看待这件事情的？

韦伯庭长：我们不需要他告诉我们他是怎么看待这件事情的。但你可以用合适的方式把你的证据告诉他，看看他的反应。这是另一回事。

问：占领汉口后，日军用脚踢被俘的中国士兵，把他们扔进长江，并枪击那些浮出水面的人，你不知道吗？

答：我不知道。

问：汉口陷落后，汉口街道上出现了被枪杀的中国人，他们穿着马褂，双手被绑在身后，你不知道吗？

答：我完全不知道。

萨顿检察官：这些问题根据多兰斯的证词所提，证词在庭审记录副本第 3392 至 3396 页。

韦伯庭长：今天早上我们已经知道了，我们还了解到这是唯一的证词。

问：你在证词第 6 页中提到的大使是什么时候任命的？

答：我记得那位大使是在汪精卫政权建立以后任命的。

问：在任命大使之前，华中占领区所有政治和经济事务是否都在军队的管辖之下？

答：是的，由军队管理。

问：兴亚院成立后，日方是否通过该委员会管理中国占领区的所有政治经济事务？

洛根辩护律师：尊敬的法庭，我认为这个问题和前面一个问题都基于证词没有被宣读的部分。

韦伯庭长：我理解为你正在表示反对，洛根先生。如果是这样，反对成立。

萨顿检察官：那么，庭长阁下，就是说只有被宣读的证词部分才可视为证据？

韦伯庭长：除删除的内容外，其他都视为证据，那时候我还提到过删除的内容是什么。不论如何，现在的提问没起到什么作用。有人提出反对，我们只会感到高兴。

（继续由萨顿检察官提问。）

问：你在证词第 7 页提到秘密资金的使用。秘密资金是怎么来的？

答：秘密资金是特供军队的资金，是为司令部诸如接待事务及其他社会开销而准备的。

问：日本哪个部门或政府机构为战地军队提供秘密资金？

答：关于这个，我只知道资金来自最高统帅部，也就是陆军参谋本部。

问：秘密资金送给了谁呢？

答：监督机构。

韦伯庭长：现在起休庭至明天上午 9∶30。

（16∶00 休庭。）

1947 年 5 月 8 日，星期四
日本东京都旧陆军省大楼内远东国际军事法庭

（9∶30 开庭。）

法庭执行官：现在，远东国际军事法庭继续开庭。

韦伯庭长：我代表法庭做出如下声明。

鉴于之前的决定，对于那些法庭很可能不予认可为证据的文件，因为对其进行处理、提交以及进行争论需要浪费较多的材料和时间，法庭对此感到担忧。

法庭认为这不是因为辩方律师不想与法庭合作以保证庭审快速进行，而是因为很少有辩护律师（如果有的话）把他们所有的时间都花在法庭上。事实上，要求所有辩护律师都这么做也是行不通的。当一部分人进行辩护时，其他人就有必要离开为后续阶段的辩护做准备。法庭的决定因此就不能被所有的律师知晓，除非他们仔细阅读并研究庭审记录。

为了解释庭审有些拖延的原因，法庭认为是因为以下原则一再被违反，原则指的是意见证据不会被接受。法庭不会接受关于法律的意见，也不接受与专家证据无关的其他事情的意见。

还有，出现了一再违反如下原则的现象，原则指的是如果不出示文件或不能就为何不出示文件提供可信的理由，则文件内容不能作为证据。

而且，很多时间浪费在提交宣传性质的供述上，违背了法庭的决定。我们更确切地是指报纸言论和由日本外事办公室发言人等针对大众发表的言论。法庭收到了日本外相以及其他众位大臣的很多发言，包括受到指控的人，这些发言看来很可能是宣传鼓动。法庭接受这些言论是为了能呈现日本政府的观点。但事实上，这些言论的效果几乎都是相同的，显然没必要提交很多。

法庭恳请美方和日方律师能研究法庭就证据做出的决定，以节省材料和时间。

如果律师认为无论如何都应该提交某个文件，即使这样有悖法庭的决定，那么他们完全可以在某个方便的时候将此类文件全盘列出，让文件正式遭到反对并驳回，以留作记录。那样可以满足每一个可能的要求，而不会浪费资料和时间。

萨顿先生。

萨顿检察官：我只想问几个问题。

（河边正三再次被作为辩方证人传唤。）

交叉询问（由萨顿检察官询问河边正三证人）

问：1938年2月到12月，在你担任参谋长期间，有多少秘密资金被送往畑俊六将军领导下的华中派遣军？

答：我想不起数额有多少了。

问：1942年8月到1943年夏，在你担任参谋长期间，大约有多少秘密资金被送往畑俊六将军领导下的中国派遣军，你能告诉我们吗？

答：关于这个，很遗憾，我也不记得了。

问：这些秘密资金如果有账目的话，是什么样的账目？

答：你说的内容和其他是指什么意思？

问：我是指资金使用方式的报告。

答：它们被作为正式文件处理，即会计凭证，但我不知道这些文件现在在哪里，也不知道文件的具体内容——我不知道它们现在在哪。

问：收到这些秘密资金的军官不必说明用途，是这样吗？

答：并不是说没有必要报告，而是从会计的角度来说，责任人采取了合适的方法作为正式会计凭证处理。并不是不要求解释用途，而是这些文件，即会计凭证，是由相应的责任人处理的。

问：关于秘密服务资金用途的报告是发送给谁的？

答：应该是发给了——由中国派遣军发给东京的参谋本部。

问：这些秘密资金是不是被用来协助和推动在中国所谓的自治运动？

答：没有这样的事。

问：这些资金不包括在常规的军用开支之内，不是吗？

答：在中国的军队,尽管我不知道中央统帅部是怎么想的,我确信中国派遣军收到了这笔资金,尽管被称为秘密资金,但派遣军及其麾下各部还是把这笔资金当作预算中的官方资金来使用。尽管被称为秘密资金,但其用途跟普通资金是一样的。

问：这些资金不包括在常规的军用开支之内,不是吗?

答：就派遣军而言,他们将这些资金用作常规用途。

问：除了你在证词第 7 页提到的秘密资金,还有其他资金被拨给华中派遣军吗?

答：没有这样的事。

问：这些就是你们从东京获得的所有资金吗?

答：是的。

萨顿检察官：交叉询问到此结束。

洛根辩护律师：尊敬的法庭,辩方不希望再次进行本方询问。

请法庭允许我通过这位证人出示两份命令,一份是证人证词的一部分,昨天检方曾以我们没有出示文件为理由提出反对。现在我拿到这份文件了,可以继续吗?

韦伯庭长：可以。

洛根辩护律师：请将辩方文件第 1295 号出示给证人。

韦伯庭长：奎廉准将。

奎廉检察官：检方不反对出示这份文件。

请诸位原谅。我之前以为他没有提供过该文件,他现在告诉我已经提供,反对取消。

洛根辩护律师：请告诉我们这是什么文件?

答：这是一份命令,是在汉口战役之前,10 月 24 日,由华中派遣军司令官从九江指挥部发布的,旨在鼓舞士气。

洛根辩护律师：那时候的司令官是畑俊六将军吗?

答：是的。

洛根辩护律师：我提交辩方文件第 1295 号作为证据。

韦伯庭长：奎廉准将。

奎廉检察官：尊敬的法庭，我们认为，证人已经给出了拒绝这份文件的最佳理由，即发布文件是为了鼓舞军队士气。

语言监督官：语言部发言，先生。鼓舞士气一词用词错误。Kisei 这个词是管理、训导军队的意思。

韦伯庭长：证词中哪个部分提到了这份文件？

洛根辩护律师：尊敬的阁下，我认为包括从第 4 页底部至第 5 页顶部的那一段因为检方的反对没有宣读。

韦伯庭长：被反对的那个是第 4 段，那一部分内容遭到了反对。

洛根辩护律师：没错。

韦伯庭长：当时反对成立，因为那时没有出示文件，也没有说明不能出示文件的原因。但现在我们看到了那份文件或其副本。不过奎廉准将认为它与本案不相干。

奎廉检察官：是这样的。庭长阁下，我认为文件中唯一一句对本案有用的句子在第 1 页第 1 段的结尾部分。我认为这些文字提到的控制和防止混乱不能使该文件被视为与本案相关。

韦伯庭长：那么，它可能对检方有帮助。我注意到这份文件，即辩方文件第 1295 号的第 2 段透露说原计划是攻打武昌、汉口和汉阳这三个地方。奎廉准将所指出的，文件中提到的混乱似乎是有关日军内部的混乱，与该军队的快速挺进有关。一位法官指出，这是指军队本身的混乱行为，与平民无关；但在第 2 页命令的结尾处提到只出动用于肃清并驻守该地区必要的兵力，并不派出过多的兵力。当然，这就可能被进一步理解为与管理平民的行为相关联。

法庭宣布反对无效，接受该文件。

法庭执行官：辩方文件第 1295 号被标为证据第 2561 号。

（辩方证据第 2561 号被接受。）

洛根辩护律师：我现在宣读辩方文件第 1295 号，即证据第 2561 号。（宣读）

华中作战命令甲第 215 号。

对华中派遣军的命令。10 月 24 日上午 10:00，于九江司令部。

1. 由于皇军采取了英勇的协同作战，敌军似乎开始大规模撤退。第二十一军已经完全攻占了广州。

2. 陆军将快速果断行动，执行原计划，向武昌、汉口和汉阳三镇进击。

3. 根据附件的总体指令，第二和十一军应向武昌、汉口和汉阳进击。

各参谋长应给予详细具体的指示。

命令附件：

向武汉三镇进军的总体指令

1. 两军应务必确保对参与进攻武昌、汉口和汉阳的各部队在行动区域、行动命令以及各部兵力这三方面的有效控制，以免进军过程中出现混乱状况。

处于上述控制之下的行动区域的界限划分如下：

汉口：

第 1 条分界线：沿张公堤一线。

第 2 条分界线：沿铁路线，一端为比利时租界码头，另一端为汉江边上军火工厂下游码头对面的渡口。

武昌：

沿着古城墙，除了北边一带从紫金山到红关之间的铁路为界限。

汉阳：

沿着汉阳、夹河、东月湖及周边支流、经东月湖、直到军火工厂东端,以此为界限。

2. 当各军抵达上述地界,应指派特殊部队进入并肃清各自区域,这些部队的兵力和行动命令应由两军司令官根据各军的作战区域确定。但是,指派部队的兵力应仅供满足肃清和防守该区域,而不应投入超出必要的兵力。

请将辩方文件第1274号出示给证人。

洛根辩护律师:请告诉我们这是什么文件。

答:这份文件是1942年12月8日,参谋总长根据司令官的意愿发给中国派遣军所属各部的。这份命令发送至派遣军麾下所有部队。这是那份命令的一部分。

洛根辩护律师:发布那份命令的人是谁?

答:这不是命令。这是那时候我做的一份广播记录,目的是以易于理解的、平实的语言向士兵、军官、军人们传达指挥官的观点和思想。

洛根辩护律师:我提交辩方文件第1274号作为证据。

萨顿检察官:检方反对出示这份文件,因为证人的证词中没有提到这份文件。

韦伯庭长:这根本不是文件。这是他所作的一份记录,他可以借此回忆过去的情节。如果现在是再次询问环节,法庭可以请他详述证词第14段,根据这份文件回忆过去的情节;

但现在不是再次询问了。交叉询问中完全没有就这一段提过问题。简言之,这不是文件。这仅仅是一份记录,如对证人提问,证人可能据此回忆。那是我的观点,根据法庭的规定,无论如何,我都不认为这是一份文件。证词中也从未提及这是一份文件。

洛根辩护律师:庭长阁下,证书显示这是从一本名为《大东亚战争中的中国派遣军将兵》的小册子上摘录下来的,这本小册子是最高司令官畑俊六下令编写并发布给其下属的。

韦伯庭长：让我们再听一听证人对此说了什么，再和证词比对一下。两者似乎并不一致。

请英语法庭书记官告诉我们证人对这些记录是怎么说的。

法庭书记官：（宣读）

这份文件是1942年12月8日，参谋总长根据司令官的意愿发给中国派遣军所属各部的。这份命令发送至派遣军领导下的所有部队。这是那份命令的一部分。

洛根辩护律师：发布那份命令的人是谁？

答：这不是命令。这是那时候我做的一份广播记录，目的是以易于理解的、平实的语言向士兵、军官、军人们传达指挥官的观点和思想。

韦伯庭长：这是证人做的一份广播记录。据他所说，这只是他听到的东西的记录，可以帮助他回忆，关于证据的规定并不承认这样的东西。但是，我们不受证据规定的约束，如果其他法官希望将此作为证据，那就允许吧。我就说这么多。

法庭以多数票驳回反对，承认文件。

法庭执行官：辩方文件第1274号将被标为证据第2562号。

（辩方证据第2562号被接受。）

洛根辩护律师：我宣读辩方文件第1274号，即证据第2562号。

（宣读）

《大东亚战争中的中国派遣军将兵》摘录：

1942年12月8日。

中国派遣军司令部。

从第10页第15行开始到第11页第8行。

  1. 确立严格的军纪。军纪是军队的基础。战争已经持续很长时间了，这时应提醒军官和士兵，防止出现厌战情况。如果胜利结束持久战的决心在战争中遭到打击，或是屈从于情感影响，或是受环境影响，出现暴力行为，并因此有损于皇军的威名和神圣感，那么你们不仅会令立下卓越战功的前辈蒙羞，也会被中国人民孤立，也就难以达成圣战的目标。应牢记日本帝国军队保持尊严并严守军纪是达到圣战目标最重要的因素，并能使你们得以歼灭强大的敌人，维持和平秩序，赢得人民大众的信心。当然，你们应该努力完善最高指挥，彻底履行职责；另外，你们应该时刻反思自己的行为，确保不与军队的根本原则相违背。

从第13页第6行到第16页第2行。

  2. 中日友好关系的关键在于日本对中国表现出的诚意；更重要的是中日两国人民表现出的个人的真诚。日军官兵的一举一动应发自精神，此精神要求他们以行动体现真诚。这一行为应符合帝国的意志，建立在睦邻友好的真诚感情以及对他人由衷信任的宽阔胸襟的基础之上。

  3. 尊重中国人民的传统、行为习惯和风俗习惯。每个民族都有其传统。很多时候事与愿违是因为我们无法理解中国人民的性格特征、传统、行为习惯和风俗习惯，却按照日本人的方式或是以更为熟知的军人的习性对待他们，极端情况下甚至不讲缘由地逼迫他们听从我们。而且，在履行我们的驻守职责时，很多人经常忽略事物的精神层面，公式化地强制执行，而并没有意识到这样会使中国人产生憎恨情绪。

这样，你们很容易无意中伤害了中国人的自尊，干涉了他们的事务，或因对他们说话不注意招致厌恶，如果你们因为一时冲动，在公共场合不加思考就做出了使中国人感到羞辱的言行，从而失去了他们的好感，假如因此使他们产生仇日情绪，中日两国就无法进行精神交融，圣战的结果将不再光明。中国派遣军的官兵应该意识到，只有自身循规蹈矩，宽容对待中国人民，中国人民才会对日本人心生好感，并乐于奉献。

洛根辩护律师： 证人可以照例退庭吗？
韦伯庭长： 照例退庭。
（证人退庭。）
洛根辩护律师： 请证人长谷川清出庭。
（长谷川清被作为辩方证人传唤，在宣誓后通过日语译员作证如下。）

直接询问（由洛根辩护律师询问长谷川清证人）

洛根辩护律师： 请向法庭陈述你的姓名和住址。
答： 我叫长谷川清。我的住址是东京都涉谷区代代木大山町第一零三二番地。
语言监督官： 洛根先生，语言部没有拿到这位证人的证词。没有证词我们无法为你进行同声传译。
洛根辩护律师： 第1370号没有吗？
语言监督官： 没有，先生。
洛根辩护律师： 我们马上给您。
韦伯庭长： 这份证词很简短。
洛根辩护律师： 请看一下辩方文件第1370号，并告诉我们这是不是你的证词，上面是否有你的签名和印章？
答： 是的。

洛根辩护律师：文件中的陈述是否准确真实？

答：没错。

洛根辩护律师：我提交辩方文件第1370号作为证据。

韦伯庭长：照例许可。

法庭执行官：辩方文件第1370号将被标为证据第2563号。

（辩方证据第2563号被接受。）

洛根辩护律师：现在我宣读辩方文件第1370号，即证据第2563号，长谷川清的证词。

（宣读）

我的简历如下：

1903年12月从海军学校毕业。

1927年12月被任命为海军少将。

1939年4月被任命为海军大将。

1936年12月到1939年4月进驻旗舰出云号，任第三舰队司令官，大部分时间驻扎于上海。

第三舰队的司令部被定在上海，舰队职责是防守中国沿海。也就是说，保护中国沿海地区日本居民的人身和财产安全，以及保护我们帝国的既得权利。

约在1937年7月9日，第三舰队准备在澎湖岛外与台湾军进行联合军事演习。于是我率第三舰队前往台湾，于1937年7月7日抵达高雄港。7月17日晚，我在那里得知中日双方在华北的卢沟桥发生了冲突。尽管我觉得事态不会变得太严重，但按照第三舰队的职责，我终止了演习，于7月8日返回上海。卢沟桥事件对于时任第三舰队司令官的我来说也是非常意外的。

1947年4月24日

我发现这里有个错误，庭长阁下。7月17日应该是7日。

证人

奎廉检察官：尊敬的法庭，检方不希望进行交叉询问。

洛根辩护律师：证人可以按惯例退庭吗？

韦伯庭长：照例退庭。

（证人退庭。）

洛根辩护律师：请求法庭传唤证人天野正一。

（天野正一作为辩方证人被传唤，在宣誓后通过日语译员作证如下。）

直接询问（由洛根辩护律师询问天野正一证人）

柯明斯-卡尔检察官：请向法庭陈述你的姓名和住址。

证人：我叫天野正一。住址是：栃木县那须郡那须村大字丰原字西田。

柯明斯-卡尔检察官：将军，请看一下辩方文件第 1353 号，并告诉我们这是不是你的证词，上面是否有你的签名和印章？

证人：没错，是我的。是我的亲笔签名。

柯明斯-卡尔检察官：文件中的陈述是否准确真实？

证人：是的。

洛根辩护律师：我提交辩方文件第 1353 号作为证据。

韦伯庭长：奎廉准将。

奎廉检察官：尊敬的法庭，检方认为这份证词应该被整份驳回。检方认为，浏览一下便可知道文件冗长，大部分内容都是已举证证据的重复内容，这没有必要。这份文件一共 15 页，前 8 页是关于攻占汉口的；检方认为，这个主题至少已经有 10 位证人出庭作证，法庭已有足够证据。

证词剩下的部分详细解释了军事演习，这对确定本案的问题真的没有什么贡献。这份证词中确实有一两处提到了他们对敌人的爱，我并没有忽视这一点，但我认为在这一点上法庭也已经有足够的证据了。

另外，在第 4 页底部和第 5 页整页，第 10 页第 1 段以及第 11 段再次违反了文件规则。基于这些理由,我认为整份证词应被拒绝。

韦伯庭长:洛根先生。

洛根辩护律师:鉴于检方认为这份证据重复,如果他们承认对于汉口的罪状已经有了足够的证据,如果尊敬的法庭能下令说从今以后的证据都是累积的,我们乐意不再提供相关证据。

韦伯庭长:虽然律师会提出证据是否重复或累积的问题,但这首先应由法庭决定。但这份证词和其他许多证词一样,几乎都是无关紧要的内容,核心内容很少。这是我们应当反对的。我知道日本人有过于细致地表达自己的毛病,而且这个毛病很难控制,但对这一毛病的纵容对纸墨供应将产生破坏性影响。我们已经消耗了100吨油印纸和大量墨水了。纸墨马上就要用完,我有责任赶在最后一天之前探讨这个问题。这让我难以与陪审员交流重要问题。

不过,我理解美国律师在控制这一情况时面临困难,但是我真的希望他们能做到最好。

洛根辩护律师:关于一份命令的问题,尊敬的法庭,我有一份1944年7月6日的命令,辩方文件第923号,我希望能通过这位证人把这份文件提交为证据。

韦伯庭长:经所有法官同意,我建议你省略那些只讲述行动的段落,并省略那些未经出示或解释过的文件中的段落。

洛根辩护律师:当然。我相信法庭能够理解为什么这些证词中都陈述了这些行动,原因是起诉书中的第47条罪状,因为这些证词不仅解释了案子中的暴行,还解释了攻占城市的方式。城市是以和平的方式攻占的,我们要证明没有发生过日军大规模屠杀居民的事;这是一次和平的占领。

韦伯庭长:如果把这个记录下来,加之大规模的印刷分发,所产生的浪费将至少增加10倍。

洛根辩护律师:如果法庭认为把这份文件接受为证据毫无作用,休庭的时候我会查看一遍,并删除其中大部分内容。

韦伯庭长: 我们要节约纸墨,有必要这么做,洛根先生。

休庭15分钟。

(10:40休庭。)

(11:00重新开庭。)

法庭执行官: 现在,远东国际军事法庭继续开庭。

洛根辩护律师: 我已经把证词缩减了许多。我觉得如果我宣读几个部分,读慢点,大家可以听懂。

韦伯庭长: 反对成立,反对有效的内容应当删除。

文件照例许可。

法庭执行官: 辩方文件第1353号将被标为证据第2564号。

(辩方证据第2564号被接受。)

洛根辩护律师: 我宣读辩方文件第1353号,即证据第2564号,从第4页第1段开始。

(宣读)

同时,第十一军打败了驻扎在长江沿岸的故军,于10月25日完全占领武昌、汉口和汉阳。

第6页第1段。

但是,我们的实际行动过程和我们期望的完全相反。故军在主要防线崩溃后,放弃了防守武昌和汉口,在沿着长江南北两岸向西撤退时显得如此慌不择路,因此我军能够兵不血刃地胜利进入武昌和汉口。

大别山突袭行动后,我从陆军司令部被调遣前去指挥负责包围敌军的先锋部队,于11月4日到达汉口。那时候,汉口市到处是当地的居民,还能看见欧洲人、美国人以及妇女儿童人来人往,各处的商店都在营业,生意兴隆,完全不是我们预期的城市被包围之后的一派萧条和荒凉。除了法国租界周围的路障和日本租界被彻底烧毁后的废墟,很难发现战争破坏的迹象。很可能是因为蒋介石过早地放弃了武昌和汉口,没有派兵守卫武昌——汉口,大部分前线的中国士兵都匆忙往西逃跑了,只有少数途经武昌和汉口,使得原本很可能因中国士兵造成的破坏实际变得很小,结果是这些地方幸免于战争的直接和间接破坏。同时,这些地方沦陷之前,也几乎没有居民离家逃难。

第11页第2段。

尊敬的法庭,我想说我手头有此处提到的命令,稍后会通过这位证人提交。

这一行动开始后,司令官一直宣传的三个原则不纵火、不奸淫、不掠夺被印成文字在整个部队内散发。第六师团司令官执行了攻占武昌和汉口的行动,之前他是第十一军的司令官,这次他又被任命为一个派遣军的司令官去攻打桂林和柳州。他过去领导军队的政策一直是反蒋抚民。这次他就任新职后,宣布他的指导方针是反美抚民,并将此理念渗透给他的军官和士兵。

最高司令官和师团司令官的精神也清楚地传达给每个下级指挥官,我相信这一行动是在严格的军纪下执行的,没有丝毫违反。

执行1号行动的时候,最困难且阻碍进程的问题就是我军和敌军在空军实力上的差距,这在之前已经提到过。这个差距导致了敌军对空中的绝对控制,导致了水路和铁路等长途供应线的中断。

我方空军实力和敌军的对比。

时期 空军		长沙战役时	衡阳战役时	桂林战役时
中美空军	前线飞机数量 轰炸机数量	590 170	750 240	800 300
日本在 中国的空军	准备的飞机数量 轻型轰炸机数量	220 160	160 25	150 25

据估计，我方空军兵力和敌方空军兵力大致如上表所示。随着战役的进行，比起战役初期，我方对敌方的空军比例差距越来越大，而且，随着战役往西南转移，由于航程增加，使得飞机数量的差距变得愈发明显。

韦伯庭长：有必要读这个吗，洛根先生？似乎这和我们考虑的问题没什么关系。

洛根辩护律师：尊敬的法庭，它讲述了战争的准备。

韦伯庭长：可能吧。

洛根辩护律师：

（继续宣读）

换句话说，我们的空军白天不能成队行动。只有少量飞机能在黎明和黄昏时执行任务。由于我方轰炸机的数量和质量都处于明显劣势，我方的飞机只能在夜间潜入敌区，轰炸其飞机场或者像狙击手那样趁夜晚对战略军事目标采取单架飞机的攻击行动。如果要像中美空军那样，6月25日对我军攻陷的长沙以及8月13日左右对我军攻陷的衡阳进行地毯式轰炸从而摧毁城市大部，是我们做梦都无法采取的方式。

第 15 页,最后一页,第 1 段。

　　而且,这次行动的不同之处在于,在长沙和衡阳,回到这两个城市的居民遭受敌军不加鉴别的轰炸而有伤亡,流离失所,如前所述,有些市民过了很久才得以回到家乡,重建家园。

　　自从开始了一号行动,我们的军队开始与在中国大陆的美国军队直接交战,我们采取谨慎态度以免违反国际法。

请向证人出示辩方文件第 923 号。
(一份材料交给了证人。)

洛根辩护律师:请看一下辩方文件第 923 号,告诉我们这是什么。

证人:这份文件是以中国派遣军司令官的名义发布的,是对军队——对麾下士兵关于平民的指示,并公布在报纸上。军队召来了——请来了记者,是通过他们——他们在场的情况下——发布的。

洛根辩护律师:这是否就是你在证词中提到的不纵火、不奸淫、不掠夺的命令?

韦伯庭长:这是报纸上的。

洛根辩护律师:我们稍后会解释的。

韦伯庭长:你可以问问他当时读过什么,让他回忆一下。

证人:这是我在证词中提到的三个原则的具体内容。

洛根辩护律师:你知道命令原件在哪吗?

证人:我觉得已经被烧毁了,不存在了。

洛根辩护律师:这是不是那份命令的真实副本?是不是 1944 年 7 月 6 日发表在朝日新闻上的那份命令?

证人:我不知道那时候是在报纸上发表的还是宣布的。

洛根辩护律师：你面前的文件第 923 号，是不是你在证词中提到的命令的真实副本？

证人：内容当然包括这些。

洛根辩护律师：我提交辩方文件第 923 号作为证据。

韦伯庭长：奎廉准将。

奎廉检察官：尊敬的法庭，我认为法庭应该把注意力放到日期的差异上。毫无疑问法庭已经注意到这一点。

韦伯庭长：差异在于标注日期 1943 年 6 月 20 日和报纸日期 1944 年 7 月 6 日。显然，这不是那份命令。这是报纸的副本，报纸是在命令发布 12 个多月后才发行的。证人在那样的情况下无法通过报纸梳理记忆，因为时间间隔太长。只有那件事发生后不久即发行的报纸，他当时又阅读过，才可以帮助他梳理回忆。

证据规则显然并不适用这种情况。虽然法庭可以决定接受这份文件，但有一点很清楚，那就是根据证据规则，这份文件无论如何都应该被驳回。

洛根辩护律师：我理解，尊敬的法庭——

韦伯庭长：我们想知道原文件怎么被烧毁的。这份文件是在中国发布的。

洛根辩护律师：我会问他的，庭长阁下，我想指出，我的理解是，尽管命令的下达时间是 12 个月前，但是直到一年后即 1944 年 7 月才提交或发布在报纸上的。

韦伯庭长：那并不能排除文件的无效性，反而强调了无效性。命令是什么时间，什么地点，因何原因被烧毁的？

洛根辩护律师：你能回答那个问题吗，将军？

证人：大概是 1945 年 8 月 14 日或 15 日，中央统帅部向各地下令烧毁机密军事文件。因此，在中国的派遣军烧毁了手头所有的文件。

韦伯庭长：但是，文件为什么是机密？为什么保护居民以防日本士兵伤害的文件成了机密文件？并且一位法官敏锐地注意到，既然这份文件在报纸上公开过，为什么还是机密文件？或者说既然它属于机密，为什么还要在报纸上公开？

证人： 我认为不管这些文件是否属于机密，都已经被军方全部烧毁了。

韦伯庭长： 我们第一次听说这种事。如果我们的理解没错，那份命令——即烧毁令——只提到了秘密文件。

洛根辩护律师： 将军，就目前来看，第923号文件的内容是否和1943年最高司令官发布的命令完全一致？

证人： 我认为这份文件的内容包含在那份命令中——命令是在1944年湘桂战役时发布的。

洛根辩护律师： 你能否告诉我们为什么这份命令的日期是1943年6月20日，却一直没有公开发表，直到1944年7月6日？

证人： 内容本身是类似的。命令于湘桂战役开始前夕下达，作为对士兵——军官和战士的指示，并且当时这份命令向媒体出示过，为了表明——为了通过媒体表明日本军队的意图。

韦伯庭长： 大多数法官认为反对无效，接受这份文件。

法庭执行官： 辩方文件第923号被列为证据第2565号。

（辩方证据第2565号被接受。）

洛根辩护律师： 我宣读辩方文件第923号，即证据第2565号。

（宣读）

朝日新闻。

1944年7月6日。

（5日从湖南省前线报道班成员处发出）

以"用大爱拥抱人们"为标题发表。

致官兵：

第1部分略去。

你们在前线执行此次圣战,尤其应以大爱拥抱中国人民,我们诚恳地希望你们的行为不会有辱天地。

(A)你们不能劫掠、奸淫、侵犯广大无辜的人民,禁止烧毁民宅。

(B)除非有公事,否则不得进入私宅,带走或毁坏器具。

(C)购买任何商品,别忘了给出合理的补偿。

(D)对于现行货币,应将其视作可以和以前一样进行流通。

(E)不得随意征用苦力。

(F)除了那些直接采取敌对行为的人之外,不得任意惩罚那些即使看起来会对皇军产生威胁的人,应根据上级军官的命令对待。

(G)重庆部队的中国士兵如果停止抵抗缴械投降,并携自愿停止抵抗证明,必须立刻将他们报告给上级军官,并执行上级命令。

日军最高司令官。

1943年6月20日

证人

韦伯庭长: 柯明斯-卡尔先生。

交叉询问(由柯明斯-卡尔检察官询问天野正一证人)

问:证人先生,关于刚才宣读过的文件最后两段,对于那些采取直接敌对行为的人,任意惩罚的方式有哪些?

答:其实因为我没有在最前线,我无法——我不知道这件事。

问:但是该命令把那些人特别排除在不允许任意惩罚的禁令之外。

答:这是预防措施,以便防止这样的事情。

韦伯庭长: 这是不是指,如果日本士兵觉得某人的行为具有直接敌意,就可以射杀对方?

证人:如果有人采取敌对行动,我认为可以根据具体情况应对。

问:但任意惩罚是什么意思?

答:意思是——包括暴行不会被允许的意思。

问:关于(G)段,重庆部队的中国士兵如果停止抵抗缴械投降,并携自愿停止抵抗证明,这是什么样的证明?

韦伯庭长:柯明斯-卡尔先生,我们不知道你在说什么。

问:我没留意庭长阁下是否听清了问题。我需要重复吗?

韦伯庭长:不用。请速记员重复一遍。

(法庭书记官宣读了上一个问题。)

答:我认为这是一张明信片大小的纸,上面说明携带这张纸的人应受到优待。

问:那么,如果一名重庆部队的士兵投降但没有这份证明,无须报告上级就能将其射杀吗?

答:根据这类情况的一般处理方式,也就是这类情况的一般处理规定,是按上述方式处理的。我认为这张证书说明拥有这张证书的人将受到特别对待,或是优待。

问:但这份文件可否被视为鼓励军方射杀没有证明的人?

答:我觉得不是这样的。

韦伯庭长:有没有可能会鼓励列兵,日本列兵枪杀那些以某种方式表现出敌意的手无寸铁的平民?

证人:没有鼓励他们这么做。事实上,恰恰相反,命令禁止他们这么做。

韦伯庭长:命令不鼓励士兵这么做。但是,一位法官注意到,这份命令中没有规定如何惩罚违反命令的人。

问:庭长阁下,我问完了。

洛根辩护律师:证人可以按惯例退庭吗?

韦伯庭长：照例退庭。

（证人退庭。）

洛根辩护律师：请求法庭传唤证人牛岛贞雄出庭作证。

（牛岛贞雄作为辩方证人被传唤，在宣誓后通过日语译员作证如下。）

直接询问（由洛根辩护律师询问牛岛贞雄证人）

柯明斯-卡尔检察官：请向法庭陈述你的姓名和住址。

答：我的住址是：东京都杉并区西田町一丁目七七九番地。我叫牛岛贞雄。

柯明斯-卡尔检察官：请看一下辩方文件第1089号，并告诉我们这是不是你的证词，上面是否有你的签名和印章？

答：是的。

柯明斯-卡尔检察官：文件中的陈述是否准确真实？

答：是的。

洛根辩护律师：我提交辩方文件第1089号作为证据。

韦伯庭长：奎廉准将。

奎廉检察官：尊敬的法庭，检方认为证词中第3段一整段不相关，应该删去。检方认为该段陈述的事情与诉状内容和本案问题均不相关。

韦伯庭长：可能是不相关，但这一段很简洁、长度适中。

洛根先生？

洛根辩护律师：这一段陈述了一些城镇遭到破坏的事，检方控告日方曾在这些城镇实施掠夺和轰炸等。

奎廉检察官：尊敬的法庭，我认为应该指出的是，据我们所知，检方证据中完全没有提到过这些城镇。

韦伯庭长：你需要非常了解中国的地理才能发现这一点。我本人不行。

多数法官支持反对意见，文件第3段不能作为证据。

法庭执行官：辩方文件第1089号被列为证据第2566号。

（上述文件除第3段外被接受为证据，标注为辩方证据第2566号。）

洛根辩护律师：现在我宣读辩方文件第1089号，即证据第2566号，牛岛贞雄的证词。

第2段。

（宣读）

1937年（昭和十二年）9月，我被任命为第十八师团长，并参与七七事变。同年11月，我部在杭州湾登陆，12月进入杭州这个城墙环绕的城市。

第4页第4段。

日军进入城镇，发现这些地方遭到严重破坏，原因是日军占领这些地方之前，中国军队常常肆意掠夺纵火。一看形势不利，中国军队就会马上乔装成平民，混在无辜的百姓中间从事不法行为。他们藏起来威胁我们的后方。我们把他们称为游击队，很难对付。

而且，中国的很多地方，失去家园的黑户游民联合起来，自称为难民。有很多这样的人，在战争中冒着危险在尸体身上搜寻钱财和遗物，他们闯入镇上因逃避战难而空置的民宅，不知廉耻地抢走屋子里的财产。

作为师团长，尽管我在很多地方经历了很多战斗，但是我一直竭尽全力管理好我的士兵，让他们严格遵守军纪。因此我坚信，我的部下中绝对没有一个人会作出违法行为。

我认为我们不会败给中国，因此没必要担心。我一次又一次地指示战士们，告诉他们应该时刻谨记皇军是崇高的，对中国人民要仁慈温和。

最后一句诗省略。

证人

韦伯庭长：奎廉准将。

奎廉检察官：尊敬的法庭，检方不要求进行交叉询问。

洛根辩护律师：证人可以照例退庭吗？

韦伯庭长：照例退庭。

（证人退庭。）

洛根辩护律师：请求法庭传唤证人佐野虎太。

趁着我们等待证人的间隙，尊敬的法庭，我想说，按照今天上午的指示，我的一个同事通读过这份证词，并删去了很大一部分内容。

（佐野虎太被作为辩方证人传唤，在宣誓后通过日语译员作证如下。）

直接询问（由洛根辩护律师询问佐野虎太证人）

问：请向法庭陈述你的姓名和住址。

答：我的住址是：千叶县君津郡大贯町千种新田七零七番地。我的姓名是佐野虎太。

问：请看一下辩方文件第 1002 号，并告诉我们这是不是你的证词，上面是否有你的签名和印章？证人是否知道我问了他一个问题？

答：我听懂了这个问题。这是我的证词。

问：文件中的陈述是否准确真实？

答：准确。

洛根辩护律师：在提交文件之前，尊敬的法庭，我想检方会提出异议。

鉴于我们打算消除大部分异议,或许我们可以在午饭时一起讨论一下,这样可以节省很多时间。

韦伯庭长:休庭至13:30。

(11:55休庭。)

(13:30重新开庭。)

法庭执行官:现在,远东国际军事法庭继续开庭。

(佐野虎太再次作为辩方证人被传唤,在宣誓后通过日语译员作证如下。)

直接询问(由洛根辩护律师询问佐野虎太证人)

韦伯庭长:洛根先生。

洛根辩护律师:现在我提交辩方文件第1002号作为证据,即标记的部分,其副本已被检方采纳。

韦伯庭长:照例许可。

法庭执行官:辩方文件第1002号被列为证据第2567号。

(辩方证据第2567号被接受。)

洛根辩护律师:现在我宣读佐野虎太的证词,文件第1002号,即证据第2567号中的部分节选。第2页,第3段。

(宣读)

我作为第六师团牛岛支队第二十三联队指挥官参与了汉口战役,10月26日,我率领先锋部队进入汉口。11月5日,我们肃清了该城。

第3段,倒数第5行。

大约晚上23:00,我回到位于道贯尖村的先锋部队司令部,仔细阅读了上级司令部关于准备10月26日攻占汉口的文件。这些文件是前一天由我军飞机空投的。

我记不清那些文件的具体内容以及文件号了，但是，有些文件特别重要，它们详细解读了华中派遣军司令官畑俊六关于攻占汉口以及陆军与海军部署的指令。仔细读过文件后，我强烈地意识到这件事的严肃性，于是立刻决定不折不扣地遵照司令官的意思，使日军的真正价值在外国居民的眼里得到证明。我打电话给联队副官调所大尉，命令他传达司令官的指示，同时叮嘱他要确保命令得到严格执行。我还命令我的下属——大队长、中队长——在次日开始行军之前，安排一部分士兵留在我们宿营的地方照看武器、物料、辎重和其他东西，另外，参与行军的士兵应该特别挑选。

华中派遣军司令部发布的命令、通知和其他通告应按照规定在军、师团和联队部间逐级传达，然后再传达给下级人员。在目前的情况看来，我发现因为战事进度之快出乎意料，我担心如果指令还是通过惯常渠道层层传达，就无法及时传达给正在追击敌军的先头部队，因此，他们非常谨慎地把指令直接传达给先锋部队（事实上，当追击部队的司令部已经到黄陂时，师团司令部才到达其后60公里的新州附近）。

我认为如此一丝不苟是为了防止下属犯错，我怀着非常感激的心情读了指令。

第7页，从上往下第6行开始。

开始渡河之前，牛岛支队长要求我们严格遵守华中派遣军司令官畑俊六和其他高级军官关于占领汉口的指令，叮嘱我们要为联队争光。

第 8 页第 1 行开始。

1:00 刚过，部队本部已抵达了法国租界的西北端，率领该支队的第三大队长发送了以下报告，同时询问如何处理当前形势。

意大利总领事已经和我们沟通过了。情况如下，我们该怎么处理？

中国军队已经从汉口撤退，可是有传言说某些公路上埋了地雷。如果日军要求，他们乐意派一位向导带我们走一条安全的路去汉口。

既然意大利总领事答应派出向导，大队指挥官决定在向导的引领下进城，同时一定程度上舒缓紧张的战备状态，采取了一种可以说是和战两不误的姿态，举行了正式的入城仪式。

第 9 页第 5 行开始。

大部分情况下，我们沿着汉口地图（附在文件后面）上指示的安全道路前进；——这些文件之后会提交的，庭长阁下——我们绕过法国租界，沿途接管了空荡荡的汉口维和办公室和其他中国人的权益机构，最后，4:00 过后不久，我们到了老英国租界的湖北电报局门口。

在英国租界，有一个专门为难民设置的地方；因此第九中队长肥后大尉受命安排一个警卫和一些看守，不让部队、士兵或其他平民进入该区域。部队本部和第九中队在湖北电报局和旁边的空房子里扎营，其余部队在江渠路附近的空房子里扎营。

第 10 页倒数第 7 行开始。

因为 26 日汉口城及附近没有发生战斗,我们的部队没有伤亡,中国军队也一样,没有人受伤、战死或被俘。

10 月 26 日约 13:00,正当佐野部队向着位于日本租界西南边附近的沿江公路前进时,看到一支日本海军部队乘坐一艘巡洋舰模样的战舰顺着长江向上游驶去,之后约 17:00,又看到一支约 20 人的登陆队经过湖北电报局门口往东行进。该部队进城的时候,其后跟着来自各日本报社的约 20 名记者。

我们看到法国租界周围布满了铁丝网,通向主干道的出入口被封得严严实实,周围还有武装士兵把守。很显然,他们在法国租界范围内的沿江公路上也加派了防守,以防日本军队和平民经过。

我记得在 10 月 20 日大约 19:00 时,参谋赤木少佐受第六师团派遣拜访了德国总领事馆,请他们与法国总领事馆展开协商,以便向日本军队和平民开放封锁的沿江公路以供自由通行,但此行无果。

得知赤木参谋开始展开协商一事之后,佐野部当晚发布命令禁止军队、军人和军属进出法国租界,并增派警卫执行这一禁令,禁止任何人前往沿江公路方向。

第 14 页,从最后一段开始。

经报告,之前在前英国租界驻守的第二十三联队大约在 11 月 4 日被调往大冶县方面,其卫戍任务移交给了十三师团下属的一支部队。老英租界当局刚知道这一变动,马上向军方发出请求,要求取消此调动,理由是先前的守卫部队军纪严明、公德高尚,受到居民的高度赞赏,突然调走他们一定会让居民非常失望。为回应这一请求,军方当局命令当时的大队第九中队(中队长是肥后盛英大尉),在联队主力部队离开汉口后的一个月内继续加强汉口的防卫，以至于直到12月初，他们才到达大冶县石灰窑，准确地说是联队扎营的地方。日本国内媒体报道了当时的情况，这里附了一份《宫崎新闻》的节选。虽然内容和实际情况稍有出入，但还是可靠的资料，可以凭此判断外界如何赞赏部队的纪律和道德，以及汉口的居民有多么依赖他们。

11月3日，在迎接派遣军司令官畑俊六的时候，我去了前外国租界附近的海关码头。因为公路两边都排列着警卫部队、宪兵等等，没办法辨别出驻扎的部队是不是也出现在了中山路和海关码头之间的那段道路的两旁。

那时候，我没看到任何部队，军职人员或平民经过海关码头下游的沿江公路。

第二十三联队没有在汉口市区抓到战俘，因此没有发生与战俘有关的事。

中国军队主力在10月24日之前开始撤离，并且一部分剩下的部队在10月25晚间也开始撤退，到10月26日，中国军队已撤退完毕，在载家山地区和汉口市区没有发生过中日军队的交火，因此我军连一个战俘也没有抓捕过。

第19页，第1句开始。

这份文件所附的第一张照片是在日本租界西南部附近的一条路上拍的，照片上是佐野部本部即将踏上通向沿江公路的道路的情景。第2张照片上是分队正庄重地经过法国租界。

两张照片均为一名战地记者所拍，刊登在国内报纸上，向我们展现了行军时和平安宁的气氛，体现出这种气氛和预料中的兴奋情绪大不相同，不像是刚刚经过激烈战斗的军队列队在街道上前进。

跳过一段。

第二十三联队在七七事变中获得了嘉奖令，嘉奖我部严守命令和军纪、教导和训练有方。这可以通过事实证明，在我担任联队长至昭和十五年(2年5个月)期间，没有一个士兵受到惩罚，除了有一次，一名士官受到了被关禁闭的轻微纪律惩罚，原因是一名中国苦力因为误操作烧了三罐汽油，而这位士官防火不力。

综上所述，我有把握断定，第二十三联队的士兵和军官从没有谋杀过战俘。

我相信沿江公路前面的长江上从没发生过谋杀战俘的事，我记得，(长江下游方向)海关码头东边的那部分沿江公路在10月27和28日并不对日本军队和平民开放。

而且，因为物料短缺，10月27和28日，用以渡过道贯突的渡河设备还没准备齐全，因此第六师团命令第六工兵联队长负责节制正涌进汉口市的各部队人员及物资，并且各部队不能携带战俘。这一事实也表明那时候不可能发生任何屠杀战俘的事情。第六师团用来渡河的是用胶合板做成的能够满足一个连渡河的轻型设备，这批设备由师团里下属的渡河设备中队保管，该中队是由第十一师团派遣过来的。但在这些设备之中，还有一些破陋的船，实际能用于搭建浮桥的船其实只有20条。浮桥运送部队的能力非常有限，可能一天最多只能供4 000人徒步通过。

基于这些情况，我估计如果一切有序进行的话，到10月28日傍晚，第四十五联队和师团第二分队已经全部过河，车辆部队的炮兵和步兵以及各中队的先锋部队正在过河。水路部队虽然在10月27日晚间到达汉水，但是在次日下午继牛岛支队进入汉口之后才抵达汉口。他们没有参与汉口战役，因此不可能在那里抓捕到战俘。进攻武汉地区期间，上述水路部队跟在海军的大小舰船后面前进，他们没有与中国的水上部队交火，陆上部队也是如此，因此也没有机会俘虏敌军。

同样的，海军也不可能俘虏敌军，因为他们在10月26日晚间登陆汉口，这是在第二十三联队进入汉口后几小时之后了。况且他们的登陆地点和后者的登陆地点相同。

请将辩方文件第999号出示给证人。

问：请告诉我们那是什么，将军。

答：那是一张照片，上面是第二十三联队的一股部队正沿着法国租界前进——正在过法国租界内的桥。是在那时候拍摄的。

问：是你的证词中提到的那张照片吗？

答：是的。

洛根辩护律师：我提交辩方文件第999号作为证据。

韦伯庭长：照例许可。

法庭执行官：辩方文件第999号将被列为证据第2568号。

（辩方证据第2568号被接受。）

洛根辩护律师：请将辩方文件第1000号出示给证人。

问：请看一下，告诉我们那是什么照片。

答：这张照片上是佐野部队本部在连队长的带领下在汉口西南部的日本租界内行进，即将进入长江边上的一条路。

问：带队的人是你吗，指挥官？

答：是的，我带队。

问：这是你在证词中提到的同一张照片吗？

答：是的。

洛根辩护律师：我提交辩方文件第1000号作为证据。只提交照片作为证据，不包括照片附加的描述。

韦伯庭长：照例许可。

法庭执行官： 辩方文件第 1000 号将被列为证据第 2569 号。

（辩方证据第 2569 号被接受。）

洛根辩护律师： 请将辩方文件第 1001 号出示给证人。

问：请看一下文件，告诉我们那是什么。

答：我要说明这幅地图右上角写的解释是什么。

问：你只需告诉我们这幅地图是什么。

答：这是一张简图，上面标明了汉口——汉口市的各个部分或各个区。

问：地图上写出了部队在不同时间的位置，是吗？

答：是的，是各个分队进入汉口的不同路线及其位置。

问：就是你在证词中所指的行军？

答：是的。

洛根辩护律师： 我提交辩方文件第 1001 号作为证据。

韦伯庭长： 照例许可。

法庭执行官： 辩方文件第 1001 号将被列为证据第 2570 号。

（辩方证据第 2570 号被接受。）

洛根辩护律师： 我不打算占用法庭的时间来宣读这份文件了。罗伯茨先生现在要出示一些证据。因为不再进行交叉询问，证人可以照例退庭吗？

韦伯庭长： 照例退庭。

（证人退庭。）

韦伯庭长： 罗伯茨先生。

罗伯茨辩护律师： 庭长先生，5 月 5 日周一我提交了辩方文件第 1053 号作为证据，但是遭到了诺兰准将的反对，理由如庭审记录第 21420 页所述，我没有文件来核实这份节选的准确性。这是关于英日会议上代表英国政府对于认识中国形势的声明，是由英国首相在下议院发表的官方声明。我这里有官方报告的官方节选，第5辑，下议院的议会辩论，之前我已向检方出示过，以便和辩方文件第1053号进行比对。

韦伯庭长：官方报告的哪一页？

罗伯茨辩护律师：第994页。

因此，此刻我想直接宣读报告上的英国首相的声明。

韦伯庭长：柯明斯-卡尔先生。

柯明斯-卡尔检察官：庭长阁下，我们不反对。但摘录太短，意思不明确。如果辩方朋友能宣读该页直至我提示他的地方，我们没有反对意见。

罗伯茨辩护律师：我对此不反对。

韦伯庭长：你有为法官准备的副本吗？

罗伯茨辩护律师：我知道副本正在递送，不过我看到书记官似乎还没拿到。整个声明是一段话。

韦伯庭长：你可以宣读了。如果哪位法官想提前拿到副本，可以示意。

柯明斯-卡尔检察官：庭长阁下，鉴于我们刚才达成的一致意见，送来的副本会不完整，我建议直接从议会报告上宣读会更方便。

韦伯庭长：我们认为他正打算那么做。

罗伯茨辩护律师：是的。我从官方报告第994页，第5辑，下议院国会辩论开始读。

韦伯庭长：日期是什么时候？

罗伯茨辩护律师：1939年7月24日星期一，首相张伯伦的声明：

（宣读）

  为了给天津谈判清除障碍，乔治六世陛下的政府已就以下方面和日本政府达成一致——

韦伯庭长：语言部有你宣读内容的副本吗？

语言监督官：没有，先生。

罗伯茨辩护律师：鉴于我直接宣读文件，他们没有副本。可以看辩方文件第 1053 号，如果你们手头有的话。内容是一样的。

语言监督官：好的，第几页第几行，先生？

罗伯茨辩护律师：辩方文件第 1053 号，从第 2 段开始。

语言监督官：好的，先生。

罗伯茨辩护律师：

（宣读）

乔治六世陛下政府完全认清了中国的实际形势，中国大部分地方都处于战争中。政府还注意到，只要这样的情况继续存在，在中国的日本军队就会特别要求保持自身安全，维持他们所控制地区的公共秩序，他们必须镇压或扫除任何能对他们产生妨碍或有利于敌人的行为。

乔治六世陛下政府无意支持任何对日本军队实现上述目标不利的行为或措施，他们会借此机会确认他们在此事上的政策，向在华的英方当局和英国国民表明，使其不会有此类行为或措施。

接下来是柯明斯-卡尔先生要求我读的阿瑟·亨德森先生的问题：这些观点实际上是否意味着承认日本对其武力控制下的部分中国领土拥有统治权？首相回答，不是。

语言监督官：罗伯茨先生，我们没有文件。请法庭书记员放慢速度重复一下亨德森先生的问题。

（法庭书记官重复了上述问题。）

韦伯庭长：塔夫纳先生。

塔夫纳检察官：尊敬的法庭，如果法庭允许的话，检方希望提出一个与检方一位证人相关的问题，同声传译已经安排好了。

韦伯庭长：是什么事？

塔夫纳检察官：请各位回忆一下，8月7日，检方提交了在南京担任代理武官的美国陆军参谋团戴维·巴雷特上校的证词，被列为证据第249号，在庭审记录第3355页。

巴雷特上校作为证人被带到东京，但还没被法庭传唤就被要求返回中国。我们费了很大力气请他再次出庭，但他还没来得及作证，便又一次因为紧急公务被召了回去。

在这样的情况下，他的证词被提交作为证据。法庭接受了，记录在副本第3352页，条件是日后如有必要，可传唤证人。如果证人没有受到法庭传唤，辩方也可就证词内容对他进行询问。证词宣读过后，在庭审记录第3365页上，法庭宣布该证词被列为证据，但在证人接受交叉质证之前不对此证据采取行为。

自那以后，情况是这样的：10月，巴雷特上校被派到马尼拉去参加一个重要的情报会议。12月12日，他因公出差被派到美国，4月15日才回到中国。

他返华不到10天，在华的陆军司令部通过无线电联系了他，他在获得华盛顿的必要授权之后，直接来到东京，昨天下午已经抵达。

我们有责任在7到10天内让巴雷特上校返回中国。如果辩方希望对证人进行交叉询问，我们请求尊敬的法庭为了方便辩方律师，确定一个早一点的日期，最好是5月12日周一对证人进行交叉询问。

韦伯庭长：辩方怎么看？

洛根辩护律师：我们能否先查看一下记录，明天早晨再反馈此事？

韦伯庭长：明天早晨听取辩方意见后我们再做决定。

弗里曼先生。

弗里曼辩护律师：尊敬的法庭，辩方接下来将向法庭提交樱井德太郎的证词,与他担任日军部队指挥官时华北地区不存在暴行一事有关。

由于这位证人不能到庭,如果法庭允许,检方已同意我宣读这份证词。

韦伯庭长:检方不反对提交这份证词作为证据?

塔夫纳检察官:庭长阁下,我们没有提议进行交叉询问,因此我们没有提出反对。

韦伯庭长:那么似乎没有必要传唤证人了。你提交证词吗?

弗里曼辩护律师:是的,我提交。这是文件第1342号。

韦伯庭长:照例许可。

法庭执行官:辩方文件第1342号将被标为证据第2571号。

(辩方证据第2571号被接受。)

弗里曼辩护律师:现在我宣读辩方文件第1342号,即证据第2571号。

(宣读)

  证人:樱井德太郎。首先正式宣誓如附件所示,根据我国程序作证如下:

  我出生在福冈市春吉四六二番地三,现年51岁。现在住在宫崎县儿汤郡都农町,曾入伍。

  1942年8月1日到1943年7月31日,我驻扎在江陵县沙市,担任第十三师团第六十五联队长。

  那时候,江陵县县长名叫张里德,他负责该地的所有行政事务,军方并不直接参与。因此,中国人民内部的矛盾我一点也不知情。至于日军和中国人民之间产生的冲突,我从张里德处得到消息,并对那些事作了公正的评判。

  如果我们的士兵作出违法行为,宪兵会根据军事刑法对其施以严厉惩罚,如果损坏百姓的财物,会通过张里德作出赔偿。我遵守上级的命令,一直都仁慈待民,努力维持和平与秩序,鼓励工业发展。因此,从没做过奸诈之事。

我在任期内,从没听说过我手下的小队长中川青一郎犯罪一事的只言半语。据说他曾在1943年3月5日在五霞观放火烧了一座房子,还偷了一头母牛。

我与相关人员,包括龙华寺住持、县长张里德还有其他人一起,为逝者在公园内修了一座慰灵塔,以祭奠日中两国士兵和平民的灵魂。我从没听这些相关人员提起过日军有什么违法行为。

1947年4月21日
证人

接下来,我将传唤证人横山勇,他将为不存在长沙、衡阳、桂林和柳州的暴行作证。这一证据与起诉书中的第48条、第49条和第50条罪状相关。

(横山勇被作为辩方证人传唤,在宣誓后通过日语译员作证如下。)

直接询问(由弗里曼辩护律师询问横山勇证人)

问:请向法庭陈述你的姓名。

答:我叫横山勇。

问:请看一下文件第875号,告诉我们这是不是你的证词,如果是,里面的内容是否真实?

(一份材料交给了证人。)

韦伯庭长:请不要通读整份证词。

答:好的。

问:这是你的证词吗?

答:是的。

弗里曼辩护律师:尊敬的法庭,我将宣读。

韦伯庭长：正确吗？这份证词正确吗？

证人：没有错误。

韦伯庭长：弗里曼先生，宣读之前你最好先提交。

弗里曼辩护律师：我提交文件第875号作为证据。

韦伯庭长：照例许可。

法庭执行官：辩方文件第875号将被标为证据第2572号。

（辩方证据第2572号被接受。）

弗里曼辩护律师：我宣读辩方文件第875号，即证据第2572号，从第2段开始：

（宣读）

2. 我的职业生涯如下：

1908年（明治四十二年）12月从陆军士官学校毕业。

1914年（大正四年）12月从日本陆军大学校毕业。

1936年（昭和十一年）3月被任命为少将。

1939年（昭和十四年）8月被任命为中将。

1939年（昭和十四年）9月被任命为第一师团长。

从1942年12月到1944年12月担任第十一军司令官。

从1944年12月到1945年10月担任西部军司令官。

3. 1942年12月到1944年12月期间，我担任中国派遣军最高司令官畑俊六麾下第十一军司令官。我军负责在最高司令官畑俊六的领导下攻打长沙、衡阳、桂林和柳州。

4. 首先我要解释长沙军事行动。

1944年6月中旬，在长沙行动中，我指挥的3个师团从潇江两岸攻打长沙，率先成功占领河西边的要塞，只战斗了两天就攻下整座城市。我们在市内没有与敌军交火，因此房屋完好无损，不过大部分市民去别处避难了，只有极少数人还留在城里。攻下长沙后我马上进城,亲自视察了城内情况,发现房屋和其他建筑都没有遭到损坏。为了避免敌方轰炸和市内骚乱,我命令部队不得进城。但我们占据长沙后,美国飞机每天进行轰炸,最后把整座城市夷为了平地。至于我们对待长沙人民的态度,我谨记着最高司令官畑俊六爱民的命令,这也与我自己的原则完全一致,因此我深刻贯彻了这一命令,不久就有逃难的6 000多人返回长沙。日军向人们提供食物,对他们很友好,美国飞机却持续轰炸,烧毁人们的房子,中国人民因此对美军而非日军怀恨在心。只有美国人建的大医院逃脱了美方的狂轰滥炸。我们的一个师团保护着该医院,使其一直没遭到破坏。

5. 接下来,我要解释衡阳军事行动。攻打衡阳也动用了3个师团,河对岸的机场马上就被攻下了。但衡阳城的城墙周围布满了沼泽,阻碍了我们的军火供应。另外,由于日军飞机数量很少,美军轰炸猛烈,战斗进行得十分艰难,攻打持续了近一周,我们依然没有攻下这座城市。因此,我亲自去了前线鼓舞士兵,最后终于成功攻下衡阳。

我们一开始想劝降敌人。后来了解到指挥敌军的军官有意尽早投降,但遭到了部下的反对,这使得投降变得不易。他们投降以后,我们立刻实践爱民原则,使得军指挥官、师长和其他人都不曾受到惩罚。而且,我们不仅给降军提供军饷和住房,还按照他们投降前的待遇招待他们。换句话说,我们赋予他们完全的自由,不加任何约束。他们非常感激这样的待遇,尽力为我们服务,配合我们。有时候我们的师团长还和他们一起用餐,以加深彼此的了解。在衡阳,我们的部队没有进入市区,但是很多居民死于美国飞机轰炸。这里的人民也憎恨美军。

6. 接下来,我要解释桂林军事行动。桂林周围遍布群山,以易守难攻出名。我们出动了4个师团攻打桂林。从河东边发动进攻的一个师团幸运地过了河,我们在 11 月 10 日成功攻下桂林。在这一行动中,我军和敌军没有出现像衡阳行动中那样激烈的对抗。我们还没完全包围城市,中国军队和美国空军就撤退了,因此我们没有逮到战俘。但是,桂林市遭到严重破坏,很多房子被破坏或烧毁。我可以肯定地说,如此破坏和烧毁建筑是敌军故意所为,目的是方便利用掩体伏击我军。

7. 接下来,我要解释柳州军事行动。攻打桂林的同时,我派了两个师团的兵力前往攻打柳州。11 月 10 日,我们轻松攻下该城。柳州的敌军与桂林的敌军同时间逃跑,美国空军也没有参与这次战役。在这次行动中,关东军中将田中久一麾下第二十三军也参与了进攻。

8. 在上述几次行动中,我命令官兵们在爱民原则的基础上,严格遵守不犯罪、不抢劫、不纵火、不杀戮的基本原则。我们向市民采购必需品时是按他们的要价来付钱的,遇到屋里没人,我们又不得不使用屋里的东西时,我也会命令部下留下数目合适的钱。我们严格执行这些规则,因此和平与秩序的维持状况非常令人满意。好几次一收到最高司令官畑俊六关于爱民原则的指示,我就尽我所能确保上述原则得到严格遵守。为此,我曾多次下达书面指令给手下的军官和士兵,或是在会上亲自向师团长和参谋长传达。上述军事行动中所表现出的良好的执行结果完全是由于这些努力。在这之前,三笠宫崇仁亲王被派到大本营,天皇陛下亲自写信给他,信中天皇陛下表达了这个意思:因为这是一场圣战,你必须对敌人施以仁爱。这封信的涵义深入到所有军官和士兵的心里,违反的人将会被送至军事法庭,接受严厉惩罚。

为了向市民供应食物,日方把军用口粮直接分发给市民,并开放市场以便他们能容易地获得商品。由于人们完全清楚日军不会掠夺他们的财物,于是回到城里,更多的商品流入市场,这让人们放心不少，也令他们很高兴。

跳过第9段。

  10. 第十一军之所以成为畑俊六将军麾下唯一的行动部队，是因为这支部队骁勇善战。但是，它的主要职责依然是维持和平和秩序，只在接到命令的情况下才会执行攻击性军事行动。

  11. 至于战俘，有些被正式关押在战俘营中，其他人只要不采取敌对行为，可根据各自的自由意愿，有些被释放回家，那些想工作的人则被安排了工作。比如说，他们受雇维修铁路、修建公路等。这种情况下，他们除了能获得食物和衣服以外，还能得到合理的工资，这让他们很高兴。我们允许一些被俘的中国军队的师长负责维持他们之前各自控制地区的和平与秩序。维护和平与秩序的职责完全由这些人以及南京新政府承担。

  12. 第十一军参谋长是中山贞武少将，他后来被任命为驻汉口的冈部将军的参谋长。湖北省种植大米，而我占领的区域内生产棉花和鸦片，但我对鸦片一事毫不知情。简言之，我领导的部队自始至终完全只执行纯粹的军事行动，我坚信在此期间，和平与秩序一直维持在最佳状态。

1946年12月6日，于巢鸭监狱
证人

  向检察官：尊敬的法庭，检方不要求对这位证人进行交叉询问，但想指出检方已经出示过的相关书面证据。

  这位证人和标注为法庭证据第2557号和第2571号证词的证人所共同证明事情的证据——相关检方证据记录在证据第342号的副本中，在第4612到4613页；

证据第 352 号到 359 号，第 4651 页到 4655 页；

证据第 331 号到第 340 号，第 4609 页到第 4610 页。

弗里曼辩护律师：证人可以照例退庭吗？

韦伯庭长：照例退庭。

（证人退庭。）

弗里曼辩护律师：接下来，辩方提交文件第 350 号作为证据，文件中包含了 1940 年蒋介石在柳州军事会议召开时所作的指示。我们只宣读从第 2 页第 8 部分开始至第 4 页第 1 段结束的内容。

韦伯庭长：奎廉准将。

奎廉检察官：尊敬的法庭，检方反对出示这份文件。该文件来自日本司令部编辑的出版物，但文件中材料的来源和真实性没有真正的依据。

庭长阁下，关键是这份文件的内容看来像是引自中方文件，且是中国领导人所作的演讲。

韦伯庭长：证书显示消息来源是日本。

奎廉检察官：但是，即使所有内容均被认可为真实的，该文件也与本案完全无关。检方已经仔细研究过文件内容，很遗憾我们无法说明这份文件可以起什么作用。

韦伯庭长：没有具体的个人为此承担责任。这个人可以是外交部发言人或任何人。但这份文件本该由帝国参谋本部军事部编辑的。

弗里曼辩护律师：尊敬的法庭，证明显示是由参谋本部军事部编辑的。我提交文件的时候已经说过，我只打算宣读第 2 页开始的第 8 段这一整个段落。

韦伯庭长：这一段有什么相关之处吗，弗里曼先生？

弗里曼辩护律师：这一段是关于蒋介石对一份截获的敌方文件的评论，这份日方的文件与对待战俘有关。

韦伯庭长：提交这份文件的目的什么？这是我们想知道的。

弗里曼辩护律师：目的是让大家知道，就连中国人也用日本人作为榜样训练他们的士兵如何对待伤者、死者和战俘。我只打算读一段内容。

韦伯庭长：我需要听从各位法官的决定。

大多数法官认为反对有效，驳回该文件。

我们休庭15分钟。

（14:45 休庭。）

（15:00 重新开庭。）

法庭执行官：现在，远东国际军事法庭继续进行。

韦伯庭长：弗里曼先生。

弗里曼辩护律师：辩方接下来要出示文件第1012号，这是有贺一永的证词，关于桂林—柳州行动中的敌对状态。这是另一份证人无法出庭但检方不反对宣读的证词。

韦伯庭长：向先生。

向检察官：检方不反对。

韦伯庭长：照例许可。

法庭执行官：辩方文件第1012号被标为证据第2573号。

（辩方证据第2573号被接受。）

弗里曼辩护律师：（宣读）

证人：有贺一永。

首先正式宣誓如附件所示，根据我国程序作证如下：

1. 我的出生地，也是我的永久居住地是：山梨县东山梨郡大和村字九林一九二七番地。

我现在的住址是：山梨县甲府市汤田町十八番地。

2. 我的职业生涯大致如下：

我于昭和十八年（即 1943 年）1 月 15 日入伍，在满洲军第四三五八号部队担任空中警卫，驻扎在满洲国牡丹江省东宁县。同年 1 月 19 日我被调往第五九五号部队，负责那里的空防直到昭和十九年（即 1944 年）3 月 14 日。次日，即 3 月 15 日，我所在的部队迁至华北参加河南行动。行动结束后，我们经华中南下到达华南，参与桂林—柳州行动。昭和二十年（即 1945 年）3 月，我们出发前往汉口，但我们还在路上时战争就已经结束。战争结束时我的军衔是一等兵（持有下士士官证）。

3. 河南和桂林—柳州行动开始之前，上级一次又一次严格指示我们这些将要参战的士兵，面对中国人民要保持纪律和士气。这些指示强调了四点：不纵火、不杀戮、不抢劫、不犯罪。我们每个士兵都切实遵守这些提醒。我们部队的士兵相互提醒，严格遵守这四点。我从没见过我们的士兵在行动中对中国平民作出任何违法行为。

随着日军的前进，之前逃难的当地人几天后回到了老家。他们不久就对日军产生了感情，从没对我们表现过敌意。最重要的是，那些女人本应是最害怕日军的人，但她们却没有表现出任何害怕或焦虑，还经常在我们遇到困难的时候帮助我们。儿童一旦和我们成了朋友，就变得和我们很亲近，当我们离开那里奔赴前线时，他们还哭了。百姓非常乐意提供或借给我们急需物品，因此日军也会为他们提供他们十分需要的东西。有时候我们甚至还和百姓分享那些对我们自己来说也不可或缺的东西。

在桂林—柳州行动中，有一次我去一个本地人家里借一个桶，发现屋里没人。我没征得主人同意就拿了一个。但是，想到不问人就借东西的做法不对，我就把我和我们部队的名字写在一张纸条上，和两块肥皂一起留在屋里。因此，我坚信我们的部队在各地打仗期间，从没做过任何招致中国人敌意的事。

在河南行动中，有一次我看到一个士官正严厉批评几个士兵，因为他们闯入一个小村庄，破坏当地人的房产。还有一个士兵被汉口军事法庭判处劳役1年6个月，因为一个军官发现他在一次战役中征用物资时，没支付费用就从当地人那里拿了东西。我还知道有些士兵因为对女人动粗，一个被判3年劳役监禁，还有两个被判7年。我们在柳州的时候，一个士兵因为从一个当地孩子手中拿了1公斤面粉而被判6个月劳役监禁。

这就是我们部队里的普遍实际情况。对中国人，我们严格保持着自身的军人士气，一旦发现有人违纪，不论多么小的事情，都会受到军事法庭的审判。因此我们都尽可能地远离当地人。

4. 我在汉口的赛马场上见到了畑俊六司令。我们的营地转移到陆军俱乐部大楼屋顶的时候，我们正在赛马场区域为上路做准备。畑俊六司令过来问了士兵各种各样的问题。他也问了我，我情绪高昂地回答了他的问题。他的问题主要是关于伙食条件。最后，他嘱咐我要照顾好自己，要热爱中国人民。他很和蔼地嘱咐我这样一个普通士兵，让我照顾自己，热爱中国人民，这给我留下了深刻的印象。我下定决心要听从他的建议，一生都坚守自己的信仰。

于1947年1月26日

证人

接下来我们要提交文件第417号作为证据，这是1940年7月10日发布的日本军方司令部的组织条例，展示了日本军方的指挥链以及指挥链每个层级的职责。

韦伯庭长：奎廉准将。

奎廉检察官：尊敬的法庭，这是有关日军军官架构和职能的一系列文件中的第 1 份。我们认为这些文件不相关。本文件中唯一可以考虑的是第 9 条，内容为军队指挥官应该管理与纪律有关的事务。而这一点，我们觉得很可能是假设的，因此，我们认为这份文件对本案没有价值。

韦伯庭长：这份文件有什么用，弗里曼先生？

弗里曼辩护律师：尊敬的法庭，被告遭受多项罪名的指控，其中包括在中华民国违法杀害和谋杀数千平民和已缴械的士兵，或是教唆或命令手下这么做。辩方认为，如果存在这样的行为，那么这条命令便能成为定责的关键。

韦伯庭长：我们知道日本军队和其他军队一样有其具体的组织。我们也知道有指挥链和各自对应的责任。这份文件能透露什么我们不知道的事吗？

弗里曼辩护律师：辩方认为司令部发布的用以确定不同指挥链责任的命令非常重要。如果战地指挥官对施暴负全责，如果存在任何施暴行为的话，那么确定责任就非常重要。请法庭注意，很多条款已经被省略了。

韦伯庭长：你不打算宣读吧？

弗里曼辩护律师：我打算宣读。

韦伯庭长：大多数法官认为反对有效，驳回文件。

弗里曼辩护律师：接下来辩方提交文件第 660 号作为证据，这是 1943 年 8 月 11 日发布的军队内务条令，与士兵的行为有关系。是由军方司令部发布的。

韦伯庭长：奎廉准将。

奎廉检察官：尊敬的法庭，检方反对这份文件，这是我提到的那一系列文件中的第 2 份。这份文件主要是关于联队长、中队长和其他军官的职能，我们认为内容和其他军队的类似文件没有什么区别。

韦伯庭长：如果被接受为证据，你要通读吗？

弗里曼辩护律师：我不明白法庭的意思。

韦伯庭长：如果文件被认可为证据，你打算宣读这份文件吗？

弗里曼辩护律师：我提议宣读第2页第1章的总则，以及第2页的第9、10、11条。就这些。

韦伯庭长：我认为没必要证明这些东西。看看我的同事有什么意见。

大多数法官认为反对有效，驳回文件。

弗里曼辩护律师：接下来辩方提交文件第247号作为证据，摘自师团司令部命令的第13号军规，发布日期为1939年7月10日，陈述了日军师团长的职责。

韦伯庭长：奎廉准将。

奎廉检察官：尊敬的法庭，这是那个系列的第3份文件，有关师团长职能。检方反对，理由和前面一样。

韦伯庭长：法庭认为反对有效，驳回文件。

弗里曼辩护律师：我们提交的下一份文件是文件第1175号，是外相近卫发送给驻东京各国大使的通知，关于日本在华南进行的军事行动。这份通知是在1938年10月12日发出的，说明日本政府在战事进行时，一直都在竭力保护第三方国家的利益和财产。

韦伯庭长：奎廉准将。

奎廉检察官：尊敬的法庭，检方反对出示这份文件，这是一份新闻稿，可以看出是由新闻部发布的，并且没有证据表明这份文件有没有送达各国大使手中。我们认为应以合理方式证明此类问题，而不是以这种方式。

韦伯庭长：弗里曼先生，你有什么理由可以支持这份文件吗？

弗里曼辩护律师：提交这份文件作为证据是为了表明第三方国家——日本政府一直努力保护第三方国家的权利和利益，这是我们拥有的最好的证据。文件有文书课长开具的来源和真实性证书。这是官方文件的摘选。

韦伯庭长：我们考虑的是它的相关性和重要性，而不是来源。来源足够权威了，但不足以确定其质量。

大多数法官认为反对有效，驳回文件。

弗里曼辩护律师：辩方接下来提交文件第259号作为证据，这是首相米内在1940年2月1日对国会发表的演讲。在演讲中，首相向国会解释了日本不会卷入已经爆发的欧洲冲突，只希望给七七事变划上一个句号。

韦伯庭长：奎廉准将。

奎廉检察官：尊敬的法庭，这是首相的另一份演讲。庭长阁下今天上午提到过，法庭已接受过类似的演讲作为证据，但检方认为应该驳回这份亲善的文件——完全是表达亲善的陈词滥调，因为之前本法庭已经有过太多这类东西了。

弗里曼辩护律师：辩方认为这份文件有价值。这是首相的演讲。检方感觉这完全是表达亲善的陈词滥调，那不过是一己之见。而被告此刻被控阴谋罪。

韦伯庭长：大多数法官认为反对有效，驳回文件。

弗里曼辩护律师：接下来由威廉姆斯先生继续进行。

韦伯庭长：威廉姆斯先生。

威廉姆斯辩护律师：尊敬的法庭，应日本律师的要求，我将再出示一份有关汉口的文件，辩方文件第147号，一篇名为《我们为什么攻打汉口？》的文章，作者是尾崎秀实，文中列出了日军攻占汉口的种种理由。我们现在提交辩方文件第147号作为证据。

韦伯庭长：奎廉准将。

奎廉检察官：尊敬的法庭，我们认为这是一份特别需要反对的文件。它声称是某个未说明的时间出版的某本书的摘选，书的作者我认为闻所未闻。检方认为这根本就没有证据价值，检方请求驳回该文件。

威廉姆斯辩护律师：尊敬的法庭，我不是很熟悉日语，因此凭我的了解，我不能说这是不是摘选。我的理解是，这是一篇完整的文章。我认为它对罪状第47条有一定的证据价值，该罪状指控被告在攻打汉口期间违反了国际法。

韦伯庭长：我们得听从他对这样的证据的看法，并且你认为我们应该这样做。这是一个不在法庭现场的人发表的观点，他既不是律师，也没有在我们面前陈述证据。这种事简直荒谬可笑，我们在今天上午的声明中已经批评过。这解决不了任何问题，只是在浪费材料和时间而已。

法庭认为反对有效，驳回文件。

威廉姆斯辩护律师：庭长阁下，请容我加一句。我们提交这份文件只是因为其中所包含的事实材料，而不是其中的看法。

尽管中国部分目前的这个阶段有点混乱，但我仍然觉得应当提交1896年的《日清通商航海条约》作为必要的背景材料。该条约包含在辩方文件第792号中，我们现在提交此文件作为证据。

韦伯庭长：奎廉准将。

奎廉检察官：尊敬的法庭，检方想知道辩方认为这份文件与本案的关系在哪？在我们看来，这份文件并不相关。不过，该文件篇幅很长，很可能我们会忽略辩方依赖的一些观点。

韦伯庭长：我们还没有看见文件。

威廉姆斯辩护律师：抱歉，庭长阁下，我接到通知说所有文件都送到书记官处了。

韦伯庭长：那说点其他的，威廉姆斯先生。

威廉姆斯辩护律师：为反驳起诉书附件A第3部分中指控的经济侵略，我们提交一份临时军管后归还给中国人的工厂名单，包含在辩方文件第1436号内，我们将此文件提交为证据。

语言监督官：有点乱，稍等一下可以吗？

威廉姆斯辩护律师：我跳过了文件第 1133 号。

语言监督官：谢谢。

韦伯庭长：奎廉准将。

威廉姆斯辩护律师：尊敬的法庭，尽管这是一篇新闻稿，但我们认为其内容足够重要，也足够详细，足以被法庭接纳为证据。

韦伯庭长：奎廉准将。

奎廉检察官：尊敬的法庭，我们不能反对这份文件内容的相关性，但如证明所示，这只是一篇新闻稿的一段摘录。

韦伯庭长：文章作者很可能发挥了他的想象力。我们不知道他是谁，甚至不知道日期。

奎廉检察官：这就是我们反对的理由，庭长阁下。它的真实性无从考据。

威廉姆斯辩护律师：尊敬的法庭，背面的证明显示文章是在 1941 年 7 月 7 日发表的。

韦伯庭长：看起来是那一年。

威廉姆斯辩护律师：庭长阁下，由于眼下关于这一点没有其他材料，因此，尽管这是一篇新闻稿，我们仍然强烈请求法庭将其接受为证据。

韦伯庭长：你们肯定能找到其他方法来作证。

威廉姆斯辩护律师：庭长阁下，如果今天上午有什么文件冒犯了法庭的裁决，我得说明或指出的是，我并没有参与材料的准备工作，我是到昨天才熟悉材料的。

韦伯庭长：威廉姆斯先生，我们的意见相当客观。

法庭支持反对意见，驳回该文件。

威廉姆斯辩护律师：庭长阁下，我那么说是为了让法庭不用思考关于这一点是否有其他材料。庭长阁下的意见我实在无法回应。

为证明被告畑俊六担任中国派遣军司令官期间就日军对待中国人

所应采取的行为举止而下达的指示，我们提交辩方文件第 1274 号作为证据。

我很抱歉，庭长阁下，检方刚刚告知我这份文件已经列为证据了。

韦伯庭长：那么我想，你是要撤销提交？

威廉姆斯辩护律师：我撤销此文件。

为回应检方证据第 971 号中的指控，说日方没有保护好美国人在上海的财产——

语言监督官：律师先生，我们没有听到主句，文件没有提交至语言部。我们可能需要借助中继系统。

韦伯庭长：如果只有一两行无法翻译的话，我们不想使用中继系统。

威廉姆斯辩护律师：很遗憾语言部不能提供完整连续的现场翻译。如果法庭同意，请在我继续宣读时进行简要翻译。

韦伯庭长：你提议宣读的声明有多长？

威廉姆斯辩护律师：庭长阁下，这份声明只有 1 页加 2 行。

韦伯庭长：为什么要置我们于这样为难的境地，让我们对这样的事做出裁决呢？

奎廉准将，你反对这份文件吗？

奎廉检察官：尊敬的法庭，我们确实反对。这是一份外交部发言人文件，和之前法庭驳回的文件第 1329 号属于同一类型。

韦伯庭长：我们已经屡次驳回外交部发言人的声明。

威廉姆斯辩护律师：我知道，庭长阁下。但这份文件是对检方证据的直接回应，因此我想法庭可能会有兴趣接受并看一看。

韦伯庭长：你所提交证据的每一行字都是回应，或者说理应是回应。

拉扎勒斯先生。

拉扎勒斯辩护律师：尊敬的法庭，各位都知道我是中国部分的主席。今天上午，法庭要求辩方合作，不要再提交法庭一定会拒绝的文件。据此要求，我花了一整个上午和下午的时间整理了中国部分的剩余文件。因此，目前我们仅准备再提交一个子部分，即关于汪精卫政府的部分。关于中国部分的前 5 个子部分，除了明天可能会出庭的 5 位证人的证词之外，我将略去所有其他的剩余文件。

鉴于本周纸张短缺，检方尽管愿意协助我们，却无法出示任何文件。因此，我们还未完全准备好进行最后一个子部分，即汪精卫部分。

韦伯庭长：明天你方有 5 位证人出庭，是这样吗？

拉扎勒斯辩护律师：先生您说什么？

韦伯庭长：你方有 5 位证人出庭是吗？

拉扎勒斯辩护律师：是的，只要他们的证词能准时提交，但我们对此表示怀疑。今天下午，检方通知我们，他们已经收到纸张，正要再次开始处理我方的文件。然而，由于之前的纸张短缺，本周无论是检方，还是辩方自己，都没能处理任何一份值得一提的文件。另外，除最后一个子部分以外，我们准备略去所有其他文件，因此，我们恳请法庭明天不要开庭，给我们一天时间修改措辞，从周一上午开始只提交中国部分的最后一个子部分。本来我可以利用明天继续向各位提交文件，这些文件能让我们讨论一整天，但我们确信法庭会驳回其中的大部分。我们非常希望能够配合法庭的要求。我们认为，如果能够休庭一天，给我们一点时间，我们就不会提交那些文件。周一上午我们将只提交汪精卫部分的文件以及这个子部分中剩余的少数证词，除此以外，将不再提交第 5 子部分的其他文件。

韦伯庭长：塔夫纳先生，你觉得呢？

塔夫纳检察官：得知在辩方律师所说的这段时间里文件没有得到处理，这令我非常吃惊，因为我们下达过指示，要求不能停止纸张的供应。有关此事的几次命令可能出现了混淆的地方，我会进行调查。如果辩方没有文件可以提交，我认为检方无法对此给出任何建议。

韦伯庭长： 正如这位法官所说，显然我们只能同意。

休庭至周一 9:30。

拉扎勒斯辩护律师： 谢谢，先生。

（15:53 休庭。）

二、法庭调查七七事变相关经过

1947年5月12日,星期一
日本东京都旧陆军省大楼内远东国际军事法庭

(9:30开庭。)

法庭执行官：现在,远东国际军事法庭继续进行。

韦伯庭长：拉扎勒斯先生。

拉扎勒斯辩护律师：尊敬的法庭,周四下午,我请求法庭周五不要在开庭时说,上一周检方完全无法帮助我们处理文件。那是我措辞不当。事实上,检方只在上周的部分时间里被耽搁了进度,只在一周中的很小部分时间里由于纸张不足而无法给我们提供任何文件。检方一直非常合作,我说他们完全不能向我们提供任何文件是我的疏忽。事实上,因为辩方和检方均出现暂时的纸张短缺,导致我们无法处理文件,但检方一整周都在配合我们一起工作。

韦伯庭长：我接到可信通知,目前全世界都面临着纸张短缺的问题,因此,我们必须充分利用现有纸张。我相信辩方会最大程度地配合本法庭。

威廉姆斯先生。

威廉姆斯辩护律师：尊敬的法庭,上周四休庭前,我曾提交辩方文件第792号,即1896年《日清通商航海条约》作为证据。由于缺少法庭副本,法庭没有处理此文件。于是我请求撤销提交,以便能够在将来更合适的时间里将此文件和其他一些基本条约一并提交。

韦伯庭长： 你撤销了，不是吗？塔夫纳先生。

塔夫纳检察官： 尊敬的法庭，辩方律师和检方律师均同意在法庭许可的情况下传唤证人巴雷特上校进行交叉询问。

韦伯庭长： 法庭同意。

塔夫纳检察官： 请传唤巴雷特上校。

法庭执行官： 执行官没有接到证人出庭的通知。我不知道他在哪里。

塔夫纳检察官： 他就在法庭门口。

韦伯庭长： 这些事都应该通知执行官。这是法庭规则。他指出这一点只是在履行其职责。

（美国上校戴维·巴雷特被作为检方证人传唤，宣誓后作证如下。）

塔夫纳检察官： 辩方可以开始交叉询问了。

韦伯庭长： 神崎先生。

神崎辩护律师： 庭长阁下，这位证人的证词似乎陈述了很多观点和结论。我希望大家抛开这些观点和结论。

韦伯庭长： 这可能是我第15次重复，我们会抛开所有观点。请别再让我们重复之前的指示和通知了。

神崎辩护律师： 谢谢。

交叉询问（由神崎辩护律师询问巴雷特证人）

问： 证人先生，你似乎在宛平调查过中方。你有没有找机会调查日方？

答： 我在北平担任助理武官期间，职责就是尽可能完整准确地报告当时的形势。因此，我想尽一切办法查明情况，不仅对中方，也对日方的情况进行了调查。

韦伯庭长： 好像在证词倒数第二段。

问： 证人先生，你在证词中说从1937年7月9日到7月19日前后,你去了宛平县五六次。在那期间,你有没有找机会访问过日方?

韦伯庭长:你说的日期不对,要不就是翻译搞错了。

神崎辩护律师:7月9日之后到7月28日。请回答。

答:请重复一下问题。

韦伯庭长:请重复修改过的问题。

(法庭书记官重复了神崎先生的上一个问题。)

答:7月9日之后到7月28日,我尽我最大能力找机会调查了日方的情况。访问过日方这个问题具体指什么意思我不是很清楚。

问:我的意思是——访问日方是指你有没有见过日方军队,有没有和哪个指挥官或责任当局讨论过这些军队,有没有从日方口中听说什么情况?

答:这段时间,我见过日军几次,并和一些认识的日本军官进行过交谈。我还和一位负责联络日方北平驻军与武官办公室的日本人交谈过。

问:这位联络官是谁?

答:我不是很确定,但我认为他的名字叫冈木。

问:他是什么军衔?

答:据我所知,冈木先生在日军中没有实际军衔。我不清楚他是不是经官方任命并履行联络官职责的。

问:证人先生,你在证词中说7月9日到7月25日之间,你至少去过驻宛平的中国军队5次。我想问的是,在同一时期内,你访问了日军几次?

答:我记得我唯一一次实际进入日军防线内是我第一次去卢沟桥那次,我在证词中写到过。

问:这么说只有这一次了,不是吗?你仅仅在去宛平县的路上,碰巧遇到日军在铁路沿线集合?

答:事实上,我先去了宛平县。我从宛平县东门往东北穿过铁路的时候，发现自己进入了日军的防线，该大队士兵正在铁路北边集合。

问：证人先生，你有没有和在那儿集合的该大队指挥官或任何军官交谈过？

答：我没有和军官交谈。我本打算和该大队负责人谈一谈，但是因为他不会讲英语或中文，我身边也没有翻译，就没有和他进行交谈。

问：你是否确认过他会不会讲英语或中文？

答：我尽力确认过。

问：证人先生，你会讲中文吗？

答：会。

问：那么这就是你唯一一次访问日方——日军了？

答：我前面已经说过，我不是非常清楚你这个问题是什么意思，我访问过日方还是日军？

问：我想问的是，你在7月9日到7月25日这段时间内调查了中方，期间有没有调查过日方？

答：在你说的那段时间里，我调查了日方。

问：你进行了什么样的调查？

答：调查包括观察日军的地面部署，并询问我在北京城的日本熟人。

问：那么你并没有亲自访问过日本军队？

答：从这个意义上说，我没有亲自访问过日本军队。除了第一天那次，我没有去过司令部，也没有去过日军在卢沟桥附近的指挥所。但是，在我履行职责期间，我好几次到过离日军驻地附近的地方，因此有很好的机会观察日军的部署。

问：除了只到过离日军驻地附近的地方之外，你有没有进入过日军防线？

答：我于7月9日早晨首次访问指挥所，我无法肯定在此之后是否存在明确的日军防线这一说。

问：那我应该换个问法，证人先生。你说你相当仔细地调查了日军。那么，证人先生，你是否知道日军——当时日军马上要进行第二次视察？

答：我不知道我什么时候说过我知道当时日军准备第一次视察的事。

问：你自己也是军人，我想问这样一个问题：视察之前全军进行演习不是常规吗？

答：作为一名美国军官，从我的经验来说，这绝不是惯例。

问：我问的是日本军队，证人先生。你不知道日本军队视察之前总是要进行非常活跃的演习吗？

答：就我个人所知的情况，我无法这么说。

问：证人先生，你在证词中说，攻打宛平后的 24 小时内，大规模援兵取道长城而来。如果是 9 日攻打宛平，那么你所说的 24 小时以内是几日什么时间？

答：报告称这些援兵往南通过长城，至于确切时间我无法肯定地说明。接到这些报告时，我们作了非常仔细的记录。我们将这份记录仔细地保管为武官办公室记录之一，并据此向上级汇报。

韦伯庭长：巴雷特上校，说完一个短句请停顿一下，以便进行翻译，否则语言部会跟不上。句子越短，停顿越频繁，他们翻译起来就越轻松。

问：你知道"满洲国"的军队是什么时候进入平津地区的吗？他们进入该地区的确切时间是什么时候？

答：我想不起他们进入天津地区的确切时间。

问：那么，你说这些援兵在 24 小时内到达仅仅是指报告是这样说的，并非声明他们到达的确切时间，是这样吗？

答：显然不是他们到达时间的确切声明。

问：攻打宛平 24 小时内是这个意思：攻打宛平发生在 7 月 9 日上

午,而那天上午你在宛平。有没有迹象表明大规模援兵即将从满洲进入中国?

答:就我所知,我并没有作证说,根据我个人的消息,日军对宛平的攻打始于9日早晨。我在证词中作证说,有人告诉我,攻打宛平始于7日凌晨。

问:是这样的。如果是攻击之后24小时,那就应该是9日。我就是这个意思。

答:9日上午,我从宛平城返回北平时,就有报告开始陆续送进我们的办公室,报告说大规模的军队正在赶来,已经过了长城,而且,这些军队的先锋部队已经过了山海关。

问:你说的大规模援兵是什么意思?具体多大数量的规模?

答:能重复一下这个问题吗?

问:这些军队——这些大规模军队的数量是多少?

答:我无法凭记忆想起当时跨过长城的先锋部队有多少兵力。

问:你收到系列的报告说这些援兵跨过了长城。你有没有收到确切的信息或报告说他们到了平津地区?

答:我们没有收到过关于这些军队到达和行军的成套报告。我们收到的报告是时不时分别送达的,并非完整的概要或系列的报告。

问:你时不时收到的这些报告中——我无意推断你收到的是完整的报告——有没有哪份报告说明了日军到达平津地区的时间?

答:平津地区这个术语很不明确。我们收到的报告说那些部队已经经过某个地点,正往西前进,因此可以推测他们在我说的那个时间里应该已经到达平津地区。

问:你收集的关于日本部队行军的报告似乎相当可观。现在我想问几个关于中国军队的问题。

你是否知道何时日中双方在出事地点签订了一份协议——和解协议?

二、法庭调查七七事变相关经过

答：这样的协议何时签订的，我没有第一手消息。

问：你知道中国空军何时开始参战的吗？

答：就我个人来说，我不知道中国空军参战这回事。

问：你知道中方在河南省北部集结4个师的日期吗？

语言监督官：河南省的北部边界。

答：我不知道日期，而且就我个人来说，我也不知道集结4个师这回事。

问：你知道行动命令是何时下达给广东的空军以及陆军的吗？

语言监督官：驻扎在广东的空军和陆军。

答：我想问一下，是什么行动的命令？

问：南京中央政府给军队下达的命令，即要求驻扎在广东的陆军和空军开始行动的命令。

答：这个问题非常不明确。我会尽我所能作出回答。我不知道什么时候发布过这样的命令。

问：你知道宋哲元军长到天津司令部致歉这件事吗？

答：我不知道是哪天的事。

问：你知道有他道歉这回事吗？

答：我听说过，但个人没有此事的第一手消息。

问：7日发生了七七事变。那么你知道11日又在同一地点发生了另一事变吗？

答：我知道7日事变发生之后，中日双方军队不时在卢沟桥附近发生冲突。就我来说，我们认为这些冲突是同一事变的延续。

问：你知道日军司令官田代皖一郎死亡一事吗？

答：当时我不知道。

问：你是何时得知他的死讯的？

答：我知道双方都有人员伤亡，但并不知道战死或受伤军官或士兵的具体名字。

问：我说的不是哪个士官或士兵，而是日本驻屯军的司令官。

韦伯庭长：他说的是军官，不是士官。

答：抱歉，我不知道你指的是田代将军的死讯。你称呼他为田代司令官，这让我产生了误解。我接到过田代将军的死讯。

问：你知道他是病死的吗？

答：我从多处听说过这件事，因此可以回答是。

问：证人先生，你熟悉廊坊事件吗？

答：我不熟悉廊坊事件。

问：我可以简单介绍一下，以帮助你回忆。

日军的通讯线路遭毁。因此，在取得中方谅解后，日军去了事件地点修理线路；我想向你指出的事实是，修理工作完成后，中国军队包围了正在休息的日军修理队并发动了攻击。

你不知道这一事件吗？

答：请问，根据报道这一事件发生在哪一天？

问：这一事件发生在 25 日。

答：我知道在 7 月 25 日当天或这一天前后，日中军队在天津和北平之间好几处地点发生了冲突事件。在这些地点中，我记得听说过有一起冲突发生在廊坊。当时我并没有收到那起冲突的具体情况的详细报告，但是我的确知道冲突应该是在何种情况下发生的。

问：那你知道广安门事件吗？

答：不是第一手消息。

问：即使你没有第一手消息，我猜你也从各个渠道收到过有关此事件的大量报告吧？

答：我的确收到过有关广安门事件的各类报告。事件发生的时候，我正在参加一个社交集会，不在冲突发生地点附近。但是，这一事件的发生自然引起了我的关注，因此，我尽了一切能力去调查事件的真实情况。

二、法庭调查七七事变相关经过

问：你对那次事件作了什么样的调查？

答：我做了一位助理武官所应进行的调查，就是找到尽可能多的知情人向他们了解情况。

问：你有没有向日本人那里了解这一事件的情况？

问：从谁那里得到的信息？什么样的信息？

答：我听冈木先生讲述了事件发生的始末。

问：你能说说这位冈木先生的更详细、更具体的信息吗？

答：如我所说，冈木先生扮演了武官办公室和北平的日本驻屯军司令官之间的联络官这一角色。我——如我之前所说，我并不知道他是在日军中担任正式职务，还是在以非正式身份开展活动。但是他的确——

语言监督官：请稍等。

问：你从冈木那里听到了什么？是什么性质的内容？

答：红灯亮的时候，我没机会说完前一句话。

问：请继续，证人先生。

答：日本驻屯军或武官办公室的军官有机会来访我们办公室时，以及我们有机会访问对应的日本军官时，冈木先生好几次为我们担任口译。

韦伯庭长：他在日本军队内或者领事馆内任职吗？

证人：据我所知——先生，我可以回答你的问题吗？

韦伯庭长：可以，请回答。

证人：据我所知，冈木先生当时没有在日军内任职。

韦伯庭长：上校，既然他在一个极其重要的事件上为你提供了信息，你应该把你所知道的与他有关的信息全部告诉我们。

证人：先生，如我所说，日本军官——有时候是职位很高的日本军官——访问我们时，以及我们因公访问他们时，冈木先生经常担任翻译员。他还充当我们办公室和驻北平的日军多个部门之间的联络官，我们知道他有时候会充当联络官。

韦伯庭长：代表日本当局，是这样吗？

答：是的。

问：这位称为冈木的联络官是怎么跟你讲述广安门事件的？

答：冈木先生说，事件发生的当天傍晚，一个日本大队乘坐卡车经过广安门。当队伍经过城门的时候，中日军队在城门内或城门附近起了冲突。我说的城门内是指广安门内部和外部城门之间凸出的城墙下。

语言监督官：证人先生，你能拼写一下你刚刚提到的中文字吗？

证人：我不知道哪个字。除了城门的名字，我没用过中文。

语言监督官：你提到城门时使用了某个术语，不是吗？

证人：我指的是，广安门外部城门和内部城门之间的空地或凸出的地方；我用的术语是法语词，意思是凸起或隆起。

语言监督官：谢谢。

证人：那个词的本义是，一个肚子里怀着孩子的女人。

问：那么，你不知道广安门的冲突是怎么发生的吗？

答：其实我很想知道冲突是在什么情况下发生的。我尽了一切努力，不仅通过冈木先生，还通过其他渠道去查明真相。不出所料，关于冲突的起因，我听到了许多相互矛盾的消息。冈木先生说是中国军队在日军经过城门的时候开枪射击或是向日军扔手榴弹。但是从其他渠道得到的消息则说是日军先开——先挑起敌对行动的。因此，从我得到的第一手资料来看，我没法断定是谁挑起了广安门事件。

问：根据你收集的广安门事件信息，你是否知道当日军行进到一半时，中国军队关闭了城门，日军大队被切为两半，一半进了城墙，另一半还在外面？

答：我听说过日军大队实际上至少被分成了两部分。但我没听说有人关上了城门。事实上,穿过那样的城门,日军大队被分成几部分是很正常的。

问:收集到这样的信息之后,关于谁先动武的,你依然没有得出结论,是吗?

答:鉴于我不是该事件的目击证人,也没能询问我认为可以在此事上保持中立态度的目击证人,因此关于是谁挑起了这一事件,我无法得出确切的结论。

韦伯庭长:休庭 15 分钟。

(10:45 分休庭。)

(11:00 重新开庭。)

法庭执行官:现在,远东国际军事法庭继续开庭。

韦伯庭长:辩方律师,请开始。

交叉询问(由神崎辩护律师继续询问巴雷特证人)

问:证人先生,除了冈木先生以外,你有没有向其他人收集信息?

语言监督官:除冈木以外的日本人。

答:即使有过,我现在也想不起具体是哪些人了。

问:你有没有找机会去访问日军司令部以调查真相?

答:我没有为调查广安门事件的真相而去访问日军司令部。

问:不仅仅是为了广安门事件,还有别的事件,你有没有找机会去过日军司令部?

答:在我任职期间,我经常访问日军。除了七七事变之外,我想不起来有哪次是为了调查某个事件的特定目的去的。

问:你在证词中说,中方军队爱好和平。

你作出这样的判断是基于中国军队的哪些方面?

答:我能问一下你指的具体是什么时间吗?

问：我将引用你证词中的相关段落。从英文本的第 1 页底部开始：

我进一步声明，我认为如果日军真的愿意，这一事件很容易就能得到解决，因为我没看出中方有任何采取敌对态度的迹象。

答：我说中国军队在这段时间内的行动是和平的，因为他们采取的是普遍认同的和平行为。换句话说，他们没有进行过可以采取敌对态度的军事部署。

韦伯庭长：你之前竭力驳斥他的观点，现在你又竭力引用他的观点。

神崎辩护律师：抱歉，先生。

问：证人先生，你是否知道，7 月 27 日，也就是广安门事件发生后的第二天，日方向中方下了最后通牒？

答：我听说是这样的。

问：证人先生，你在证词中说，大约在 7 月 31 日，你去了南苑机场。

答：没错。

问：你说那里遍地是中国士兵的尸体。你是亲眼看到的吗？

答：我看到从北平城的南门通往南苑机场的路上有很多中国士兵的尸体。

问：你提到他们都佩戴着证章。他们戴的是什么样的证章？

答：他们戴着中国军人通常佩戴的那种证章。

韦伯庭长：是金属片吗，还是上衣上戴的东西？

证人：我记得是一块布，缝在制服外面。

韦伯庭长：关于这个证章之前有过争论，我想你是第一位对此提供证据的证人。

问：你说是布制的证章。那么，这些徽章是佩戴在袖子上还是胸口，上面写着什么？

答：我记得是戴在左胸的口袋上方。

韦伯庭长：上面有没有部队名称和编号？

证人：据我所知，徽章上有部队名称和编号。

问：徽章上有没有朱红色的印章？

答：我不记得有没有印章了。通常来说，中国士兵的证章上会盖有这样的印章，但我无法说明这次有没有。

问：你说你看到几百具尸体。这些死尸身上都戴有证章吗？

答：我没有一一检查。

问：我这么问是因为你在证词中说你看到了几百具尸体。你看到的那些死尸身上都有身份标记，也就是证章，是这样吗？

答：我没有检查多具死尸以确定他们身上是不是都有证章。

问：我没有问你是不是所有死尸上都戴着证章，而是你看到的那些尸体上都有吗？这是我想知道的。

答：我说过了，我看到了尸体，估计有几百具。我无法断定所有的尸体上都佩着证章。

问：死尸中有没有穿着便衣，没有穿制服的？

答：没有。

问：中国士兵通常都佩戴证章吗？

答：那是当时的惯例。

问：你在证词中说日军7月28日从南边攻打了南苑是吗？

答：是的，先生。

问：你说你看到军队往北平方向撤退，还说他们几乎没有打仗的意愿，是这样吗？

答：我记得我在证词中没有说过这些军队没有作战的意愿。我作证说在我去南苑的一两天之前，我在北平城内见到过中国军队，该军队看起来没有参战的痕迹。我还说该军队——看似发生了什么情况，正常的军事组织被打乱了。

问：那么，我将宣读证词中的相关部分：

（宣读）

7月28日早晨，我看到日军飞机正在攻击北平城南边的一处地方。我估计这个地方就是南苑机场，在北平以南约10英里处。当天晚些时候，我看到零零散散的中国步兵沿着街道走进北平城，穿过一座城门通往南苑机场方向。这些部队看起来经过打斗，但很显然他们遇到了什么事，以至于打乱了正常的军事编制。

语言监督官：尊敬的法庭，这个段落的日文本和英文本有细微差别。

韦伯庭长：我们会告知语言部立刻处理。你能说明差别在哪里，以便语言部理解你的意思吗？

语言监督官：庭长先生，刚才的话——日文和英文本之间有差别是语言部提出的，而不是辩方律师。

韦伯庭长：告知摩尔少校立刻处理。

继续进行别的事项。

神崎辩护律师：好的，先生。

问：证人先生，你知道南苑是在7月28日遭到袭击的，不是吗？撤退到北平城内的难道不是在南苑战败的部队吗？

答：在我看来，那些部队并没有参与行动。

问：你不知道7月28日在南苑发生了战事吗？

答：我知道7月28日在南苑发生了战事。

韦伯庭长：他是这么说的，还看到那天有一架飞机袭击了南苑。

问：你的意思是说，据目测，从南苑往北平城内撤退的部队当时是那样的状况吗？

韦伯庭长：他说的话清清楚楚地呈现在他的证词里。为什么要让他重复？这毫无意义，只是在无聊地浪费时间。要么就是你没读过他的证词；要么就是你虽然读过，但不记得里面说了什么。

神崎辩护律师：我的询问到此结束。我的一位同事想让我问证人一个问题。

问：你在证词中说中日军队在一次演习中起了冲突。你不知道日军只带了空包弹吗？

答：我知道在冲突过程中使用了实心弹。

问：你知道在演习中日军只有空包弹吗？

答：我对通常情况下日军演习时会携带什么军火一无所知。

韦伯庭长：你在开展调查的时候，有没有人、日军或其他人，告诉过你7月7日晚上演习时使用的是空包弹？

证人：没有，先生。

庭长先生，你说的是空弹？

韦伯庭长：空的。

证人：是的。没人告诉过我用的是空弹。

问：你不知道第二十九军编入了很多共产党部队吗？

答：我不知道这回事。

问：那你也不知道共产党军队和华北第二十九军的关系了？

答：我能问一下是什么方面的关系吗？

塔夫纳检察官：庭长阁下，这个问题完全偏离了证词，我们反对。

韦伯庭长：是的。律师，你有什么要说的？

神崎辩护律师：看过各种证据之后，我们得出的结论是共产党与中日军队冲突的根源脱不了干系。因此，我向证人问了这个问题，因为他在华北住了很长时间，还参与了各种调查，包括军队和其他事务。因此，他应该知道这些事。

韦伯庭长：我想你指的是看过那些你希望提交的证据之后吧。

在调查过程中，你有没有发现这起冲突背后共产党活动的任何证据？

证人：没有，先生。

韦伯庭长：那就够了。

问：你说你在宛平县看到过日军士兵尸体。你没有在那里看到中国士兵的尸体吗？

答：我的确看到了中国士兵的尸体。

问：你在证词中说："然后我绕过城墙东北角走到平汉铁路，约在城市正北方。在那里，我发现铁路沿线以北聚集了日军一个大队的步兵。沿着铁路路堤的高处安放了哨兵，用以观察南边的宛平城。我注意到铁路路堤旁躺着一两具日本士兵的尸体。"

你没有提到中国士兵的尸体。你在那里看到过吗？

答：我看到的中国士兵的尸体是在宛平县西门附近。

问：证人先生，我要再问一次。你当时是什么军衔？

答：我当时的军衔是上校。

神崎辩护律师：谢谢。

塔夫纳检察官：尊敬的法庭，不需要再次进行本方询问了。

韦伯庭长：现在，我们最好解决一下翻译问题。

语言监督官（摩尔上校）：庭长先生。尊敬的法庭，翻译似乎没有问题。我们得知翻译员指的是英文本的另一个段落。

韦伯庭长：那可以了。谢谢，上校。段落的确很容易搞错。

证人作证完毕。

你可以照例退庭，上校。

（证人退庭。）

威廉姆斯辩护律师：辩方传唤下一位证人中村辰二。

（中村辰二被作为辩方证人传唤，在宣誓后通过日语译员作证如下。）

直接询问（由威廉姆斯辩护律师询问中村辰二证人）

问：请向法庭陈述你的姓名和住址。

答：我的姓名是中村辰二。住址是东京都文京区千驮木区町五十番地十二。

问：请问你现在从事什么职业？

答：公社职员。

威廉姆斯辩护律师：请向证人出示辩方文件第 1341 号。

问：请看一下这份文件，并告诉法庭这是不是你的证词，上面是否有你的签名和印章？

答：这是我的证词。

问：文件中的陈述是否真实正确？

答：真实正确。

威廉姆斯辩护律师：辩方提交辩方文件第 1341 号，证人中村辰二的证词作为证据。

韦伯庭长：照例许可。

法庭执行官：辩方文件第 1341 号被标为证据第 2574 号。

（辩方证据第 2574 号被接受。）

韦伯庭长：法官那儿只有几周前拿到的副本。这一页的副本有没有分发过？

威廉姆斯辩护律师：尊敬的法庭，这份证词很短。

韦伯庭长：是的，只有一两段。

我手头有一份副本，但其他法官没有。你必须给每位法官准备一份。很明显我的助理之前就已得知今天要用上这份文件。

证据号是多少？

威廉姆斯辩护律师：2574 号，先生。

韦伯庭长：请你读一下。就是份简短的证词。

威廉姆斯辩护律师：中村辰二的证词。

（宣读）

从 1938 年 11 月 1 日到 1940 年 1 月 9 日，我担任中国方面舰队参谋,负责该舰队军舰的调遣。

因此我对该舰队各艘军舰的调遣一清二楚。检方文件第9550-1称,1939年12月,两艘日本驱逐舰被派到印度洋上接收一船运往上海的波斯鸦片,但在我的任期内,隶属于中国方面舰队的驱逐舰从未在印度洋上活动过。

而且,那段时间内,在那个区域里完全没有发生过驱逐舰护卫货船的情况,也没有驱逐舰接收货船上的货物并运送的情况。

(签名)中村辰二

尊敬的法庭,这份证词中提到的检方文件第9550号中的内容与证据第427号相同。如法庭需要,我将宣读本证词驳斥的那份证据中的句子。

韦伯庭长:没必要这么做。

威廉姆斯辩护律师:好的,先生。

韦伯庭长:需要交叉询问吗?

威廉姆斯辩护律师:请检方进行交叉询问。

韦伯庭长:奎廉准将。

奎廉检察官:尊敬的法庭,检方不希望进行交叉询问。

威廉姆斯辩护律师:庭长阁下,请法庭允许证人照例退庭。

韦伯庭长:照例退庭。

(证人退庭。)

威廉姆斯辩护律师:辩方传唤下一位证人,森德治。

(森德治被作为辩方证人传唤,在宣誓后通过日语译员作证如下。)

直接询问(由威廉姆斯辩护律师询问森德治证人)

问:请向法庭陈述你的姓名和住址。

答:我的姓名是森德治。我的住址是东京都杉并区方南町四二一

二、法庭调查七七事变相关经过

番地。

问：请告诉法庭你现在的职业。

答：大岛兴业株式会社常务代表兼船舶部部长。

威廉姆斯辩护律师：请向证人出示辩方文件第 1340 号。

问：请看一下该文件，并告诉法庭这是不是你的证词？

语言监督官：证人好像在宣读证词。他读的段落是开始于："1934 年 10 月 22 日到 1936 年 3 月，我在第三舰队任高级参谋，参与了该舰队军舰的调遣工作。"

韦伯庭长：证人，律师刚刚请你说明证词的内容是否真实。

证人：内容是真实的。

威廉姆斯辩护律师：辩方提交辩方文件第 1340 号，森德治的证词，作为证据。

韦伯庭长：照例许可。

法庭执行官：辩方文件第 1340 号将被标为证据第 2575 号。

（辩方证据第 2575 号被接受。）

威廉姆斯辩护律师：现在我宣读证词。

（宣读）

从 1934 年 10 月 22 日到 1936 年 3 月，我在第三舰队任高级参谋，参与了该舰队军舰的调遣工作。

当时，能够在海上航行的日军炮舰只有 3 艘，安宅、嵯峨和宇治，3 艘均隶属于第三舰队。

1934 年 11 月前后，上述 3 艘战舰的位置是：安宅在长江地区，嵯峨在汕头地区，宇治则在国内水域。

因此，在以上时期，检方文件第 95073 号中所称的日军炮舰运输鸦片一事根本不可能发生。而且，下发运输和交货担保书的情况也没有发生过。

如果这样的事件发生了,我作为高级参谋应完全知情,但我从没听说过这样的事。

而且,在我任职该舰队高级参谋期间,从没遇到过这样的事。

签名森德治

检方可以对证人进行交叉询问。

奎廉检察官: 尊敬的法庭,我们不希望进行交叉询问。

韦伯庭长: 我刚刚接到报告——没有具体细节——说辩方拒绝向法庭出示一些文件,与俄国部分有关。请辩方调查此事。

请证人退庭。

(证人退庭。)

韦伯庭长: 我们休庭至13:30。

(12:00休庭。)

三、日军进行华北经济侵略（第一部分）

（13:35 重新开庭。）

法庭执行官：现在，远东国际军事法庭继续进行。

韦伯庭长：布雷克尼少校。

布雷克尼辩护律师：午间休庭之前，庭长对辩方俄国部分的文件作了声明。由于我和该部分有一点小小的联系，我想说几句话作为回应。

我们不知道法庭是从什么渠道得到的这个信息，以及信息里包含了什么内容。这个问题之前没有和辩方提起过。

韦伯庭长：我现在知道那是指开场陈词。不止一位法官担心开场陈词可能会被日方用来侮辱得胜的同盟国，而不是作为用来引证的不偏不倚的证据。

布雷克尼辩护律师：我负责出示一些证据并准备俄国部分开场陈词中对应的部分。

如果法庭的言论指的是我，我希望让大家知道我痛恨这些言论。

韦伯庭长：没人指你，布雷克尼先生。

布雷克尼辩护律师：我敢说，如果准备开场陈词其他部分的先生们有发言权，他们一定也会这么说。

至于文件的扣留，过去一次甚至好几次，检方直到公开庭审马上开始才给法庭和辩方提供开场陈词，有一次甚至是在公开庭审开始，检方宣读了开场陈词之后才提交的。那次对于辩方的反对和抗议，庭长回应说，法庭没有权利强迫律师提前提交开场陈词，规定中也没有这样的要求。

对我而言，我认为开场陈词应该以惯常的方式准备并提交。如果违反了法庭的规矩或规定，我应该为藐视规矩或规定而受到惩罚。但法庭不应非难辩方，说辩方在公开庭审中指责、讽刺对方，我方无法为此类非难辩护。

韦伯庭长： 该要求是相互的，辩方有义务不侮辱同盟国；法庭也有义务尊重辩方的感受。法庭坚持对于开场陈词的裁决。

辩方律师，请讲。

神崎辩护律师： 请求法庭传唤辩方证人川本芳太郎。

（川本芳太郎作为辩方证人被传唤，在宣誓后通过日语译员作证如下。）

直接询问（由神崎辩护律师询问川本芳太郎证人）

问： 证人先生，请陈述你的姓名，年龄和住址。

答： 我的姓名是川本芳太郎，50岁。我的住址是：镰仓市大町名越二番地二三四。

神崎辩护律师： 请向证人出示辩方文件第1004号。

（一份材料交给了证人。）

问： 证人先生，请看一下这份文件。这份文件是你的证词吗？上面是否有你的签名？

答： 这是我的证词。

问： 文件中的内容是否准确真实？

答： 是的。

神崎辩护律师： 我提交辩方文件第1004号，川本芳太郎的证词作为证据。

韦伯庭长： 照例许可。

法庭执行官： 辩方文件第1004号被标为证据第2576号。

（辩方证据第2576号被接受。）

神崎辩护律师：现在我宣读法庭证据第2576号，省略最后一段——第8段。

川本芳太郎的证词。

（宣读）

1. 我生于明治三十一年（即1898年）6月15日，出生户籍地为广岛市铁炮町一一三番地，现住地为镰仓市大町名越二番地二三四。

2. 我的个人履历大致如下：

大正八年（即1919年）12月，任命为少尉；

昭和七年（即1932年）4月，参谋本部成员；

昭和十二年（即1937年）12月，陆军省军务课成员；

昭和十四年（即1939年）12月，兴亚院调查官；

昭和十五年（即1940年）7月，日本华北派遣军司令官随员（少将）；直到战争结束。

3. 由于我是陆军省军务部成员，负责中国关系事务，我将就华北开发株式会社的成立陈述如下：

建立该公司的计划于昭和十二年（即1937年）启动，成立该公司的原因如下：

当时日军在华北的占领区域相当狭小，从北边的张家口和大同到南边津浦线上的济南和平汉线上的石家庄附近。

由于中国军队采取焦土战术，上述地区铁路线上的一些桥梁、铁轨、机车房以及修理车间等均遭到破坏。而且，由铁路运输的货物也被运往了中国内陆，人们无法使用。铁路沿线的一些主要城镇如北平、天津以及其他一些地方的秩序还是良好的，但在远离铁路沿线的那些地方则完全是一片混乱。除了农业外，其他工业都处于停滞状态，导致这些地方的人们难以维持生计，就连粮食作物都无路销售，一片生灵涂炭。在此困境下，为了促进国家繁荣，亚需重建各类工业，恢复通信条件，重新开采废弃的铁矿、煤矿等资源。在此关键时刻，华北驻屯军司令官于昭和十二年（即1937年）向陆军省通告了成立公司以在华北开发重要工业的必要性，并向政府提交了用于建立公司的必要数据。经内阁讨论，提议于昭和十三年（即1938年）3月在帝国议会通过，公司于同年年底成立。

4. 成立该公司的主要目的是促成日中共存共荣基本政策上的经济合作。在此关系下，日方提供技术和资金，中方提供资源、资金和劳力，双方合作经营。公司经营获利由日中双方平分，日方的分成不超过中方。公司并非始终以盈利为目标，而是克服不利条件求得工业发展。此外，日方未打算从中国获取资源，在筹建任何工业时，均为双方所需的资源量做了考虑。另一方面，扩建铁路和港口以及开发重要工业不仅是为了日方的利益，也是为了恢复中方的生产和改善公民福利。

5. 关于该公司的经营，也考虑了以下方面以提高中日双方的福利：

（1）避免对重要工业和企业进行无计划的管控，应使其能被公司掌控；

（2）公司不受日本政府控制，而由私企控制，因此是以中日双方合作为目的；防止"满洲国"企业对华北的干涉；

（3）对于公司股权的申购，政府和民众应各占一半，后者的股权面向整个国家，避免财阀垄断；

（4）公司下属子公司的每项业务均由中日双方联合管理，子公司总裁和其他董事可由中方或日方人员担任；另一方面，中资参与受到广泛欢迎，并且在股权比例方面，采取中日双方平等的比例原则；

（5）公司可经营的业务在项目和范围上受限，以免抑制中国私营企业的发展；

（6）相关企业尽可能多地聘用中国人，以缓解中国的就业压力，避免日方人员的垄断管理。

6. 根据昭和十三年（本公司成立时）企划院的日满华供需规划的数据来看，昭和十四年、十五年以及十六年（1939年、1940年和1941年）从华北出口日本的铁矿石数量，计划低于华北总产量的50%，甚至在满足华北所有需求后尚有剩余。另外，出口日本的煤，计划同样低于华北总产量的50%，出口后剩余的煤量尚能满足华北和华中地区的需求。因此很明显，日本政府的计划并非旨在建立此公司以将华北所有铁矿资源以及其他物产出口至日本。至于盐和其他物产，也采取了中日双方各分一半的原则，考虑了两国的需求，以确保日本的需求不超过中国。

因此，日本从中国进口铁矿、煤矿和其他物产的数量对中国本身的需求没有造成影响，反而向中国出口了大量日本的富余产品。换言之，日本不仅发展了中国的基础产业，重建和扩张了中国的铁路和港口等，始终顾及中国的永恒利益，还向中国输出了大量的资金和技术，还有许多价格低廉的货品，大大牺牲了日本国内的需求。对于那些中国华北饱受战乱之苦的百姓而言，能得到工作便是极大的利益。

证人

检方可进行交叉询问。

韦伯庭长：奎廉准将。

奎廉检察官：尊敬的法庭，检方不希望进行交叉询问。

神崎辩护律师：证人可以按惯例退庭吗？

韦伯庭长：照例退庭。

（证人退庭。）

四、中山宁人证词与南京暴行

神崎辩护律师：辩方请求传唤下一位证人及川源七。

法庭执行官：庭长先生，证人及川源七已到庭，该证人曾在本次庭审前出庭。

韦伯庭长：你之前的宣誓仍然具有效力。

（及川源七再次作为辩方证人出庭。）

神崎辩护律师：请向证人出示辩方文件第1324号。

韦伯庭长：就我所知，法庭书记官已经去确认该文件是否提交。他认为文件还没提交。

神崎辩护律师：今早我曾确认这份文件已经提交，但现在看来还没送达，对此我感到抱歉。

韦伯庭长：可能已经送达。等书记官回来汇报了才能确认。

神崎辩护律师：为此浪费了宝贵的庭审时间，我感到抱歉，庭长先生。

韦伯庭长：那么，先问问证人的姓名和住址吧。

直接询问（由神崎辩护律师询问及川源七证人）

问：请向法庭陈述你的姓名、年龄和住址。

答：我的住址是东京都杉并区松之木町一番地一八一。我59岁，姓名是及川源七。

韦伯庭长：那么，我想原件是在书记官那里了，对吗？或者你认为是如此?

神崎辩护律师：今早我曾就这份文件同分发处核对过,他们告诉我文件已经提交了。我也将举证顺序交给了法庭书记官,告诉他我们将依此进行庭审。

韦伯庭长：如果你有经证人签字的证词原件,你现在可以给他。

神崎辩护律师：那份原件已经发给,或确切地说,交给了书记处,目前不在我这里。

韦伯庭长：你可先让证人退庭,如果还有别的证人的话,可以传唤另一位证人。

（证人退庭。）

神崎辩护律师：趁这位证人退庭的间隙,我们来为下一位证人的陈词做准备,我把程序移交给伊藤先生,由他来传唤证人中山宁人。

韦伯庭长：伊藤先生。

伊藤辩护律师：我将传唤证人中山宁人。

韦伯庭长：法庭书记员已返回。你有什么需要汇报的吗,曼茨先生?

法庭执行官：是的,庭长,我拿到了文件。

韦伯庭长：你拿到了文件及其副本?

法庭执行官：是的,庭长。

韦伯庭长：请再次传唤刚才退庭的证人。

法庭执行官：庭长先生,因为证人需要更换,有些混乱,我们需要花一些时间才能让正确的证人就位。

韦伯庭长：好吧,我们还是继续询问伊藤先生的证人吧。他在哪里? 伊藤先生,请你到文案前上好吗?

法庭执行官：庭长先生,伊藤先生请求的证人中山宁人已到庭,现在将宣誓。

（中山宁人被作为辩方证人传唤，宣誓后通过日语译员作证如下。）

韦伯庭长：你的姓名和住址是什么？

证人：我的姓名是中山宁人。我住在东京南多摩郡玉村濑木户537号。

直接询问（由伊藤辩护律师询问中山宁人证人）

伊藤辩护律师：请向证人出示辩方文件第1345号。

（一份文件被递给证人。）

问：那是你的证词吗？

答：是的。

问：对于证词中的陈述，你有没有要求更正的地方？

答：是的，有一处需要更正。

问：在哪里？

答：证词的第16段说松井将军于12月14日收到了攻陷南京的消息。日期应更正为12月13日。

问：其余陈述真实准确吗？

答：是的。

韦伯庭长：第16段，我记下了。

语言监督官：第16段，庭长先生。

伊藤辩护律师：我提交辩方文件第1345号作为证据，同时提交辩方文件第1345号作为证据，以对不能出示此证词中提及的一份文件作出解释。

语言监督官：我提交辩方文件第1345B号作为证据。

韦伯庭长：照例许可。我建议你提交辩方文件第1345号，你提交了吗？

伊藤辩护律师：提交了。

韦伯庭长：照例许可。

法庭执行官：辩方文件第1345号将被列为证据第2577号。

（辩方证据第2577号被接受。）

韦伯庭长：现在，我知道你希望再提交一份文件，那么与证词中哪些段落有关呢？

伊藤辩护律师：第11段、12段、13段和18段，庭长先生。

韦伯庭长：这些文件是否附有证明？

伊藤辩护律师：有的。

韦伯庭长：那么，你最好同时也提交证明。

伊藤辩护律师：那些证明包含在辩方文件第1345B号中了，它也是我准备提交的证据。

韦伯庭长：照例许可。

法庭执行官：辩方文件第1345B号将被列为证据第2578号。

（上述文件被接受为证据，标以辩方证据第2578号。）

伊藤辩护律师：现在我宣读法庭证据第2578和2577号。

韦伯庭长：在继续进行之前，我们必须先核实一下。在这方面，我希望美国辩护律师给予日本辩护律师更多协助，这也是美国辩护律师在此的主要目的。

伊藤辩护律师：庭长先生，事实上原应由马蒂斯先生宣读此文件，但他因公务缺席了，由我代读。

韦伯庭长：我们会尽力而为。请开始宣读证词，即证据第2577号。

伊藤辩护律师：谢谢，庭长先生。

我从第3段开始宣读。

（宣读）

3. 我担任华中派遣军参谋时的军衔是少佐。1937年11月到1938年3月，我一直担任该职，期间从事的是情报工作。

4. 华中派遣军大约组建于1937年11月5日。在上海附近地区以及华中地区,组建于1937年8月中旬的上海派遣军正同中国军队交战,以保护上海及其周边地区的日本侨民。不过,由于敌军战斗力顽强,再加上地形上的劣势,日本方面在战场上并未取得有利的进展。鉴于此,日军新组建了第十军(即柳川兵团),该军在杭州湾北岸登陆,以配合上海派遣军的进攻。华中派遣军由这两支军队组合而成,名义上统一指挥上海派遣军和第十军。

5. 松井石根将军被任命为华中派遣军司令官,同时兼任上海派遣军司令官。

华中派遣军参谋团队包括:

参谋长——塚田政,少将

参谋副长——武藤章,大佐

其他参谋人员——公平匡武,中佐

——中山宁人,少佐

——二宫义清,少佐

——吉川武,大尉

除上述人员之外,还有一位空军部队的参谋,但我不记得他的名字了。此外,还有3位副官。

参谋部总共只有7人,其余几人的名字我全忘了。华中派遣军司令部仅有上述人员构成,再无其他机关和人员。

6. 华中派遣军司令官被授予的职责如下:

华中派遣军司令官负责统一协调上海派遣军和第十军,并管辖所有后勤补给工作。

首要职责是协调两支军队的统一行动。至于部队的具体调遣和指挥,应由两支军队的司令官负责。因此,在上海派遣军和第十军的司令部内,除了参谋部和副官处以外,军械处、财务处、军医处和军法处等机构一应俱全。而在华中派遣军司令部中,此类机构并不存在。

7. 为了说明华中派遣军为何在组织方面如此不够完善，有必要对上海派遣军和第十军的职责加以澄清。

上海派遣军的职责是夺取重要的上海一线及其北部地区，保护日本帝国侨民。

第十军的职责是从杭州湾北岸登陆，协助上海派遣军行动。

此外，帝国大本营还决定，华中派遣军的行动区域在长江三角洲福山、苏州和嘉兴一线以东地区。

日军组建华中派遣军的唯一目的就是为了统一协调承担上述职责的两支部队。正是基于这一点，华中派遣军组建完善的司令部被认为是非常没有必要的。因为这支部队只是为了短期目标而组建，而且其作战区域也很狭窄。

8. 我们接到情报称中国军队自撤离上海后，在南京周边地区集结了大量兵力，准备反攻。

1937年12月1日，帝国大本营发布以下命令：

华中派遣军应在海军配合下夺取南京。

即使是在上述命令下达之后，华中派遣军司令部的组织架构仍相对单一化，仍然相当机械，仍像以前一样只负责指挥。

9. 松井将军在收到上述命令后的第二天，向两支部队下达了命令，大致内容如下：

（1）上海派遣军主力沿无锡—丹阳—句容公路向南京进攻。

（2）第十军沿湖州—广德—芜湖公路向南京进攻。

（3）第一百零一师团在松江一带为进攻杭州做战备。

（4）第十一师团和第三师团的一个步兵旅团负责维持上海及其周边地区的公共秩序。

10. 至1937年12月15日，华中派遣军司令部一直驻扎在上海以北约10公里的一个地方，并在15日当天迁至苏州。当时，松井将军卧病在床，但仍在病榻上处理所有重要军务。

12月7日，朝香宫亲王抵达战地前线并担任上海派遣军司令官。松井将军不再担任原本兼任的职务，此后就只负责华中派遣军的指挥。

11. 松井将军抵达苏州后，对参谋长塚田说，南京是中国的首都，我们占领该城是一件国际大事。如何利用日本军威，更进一步使中国折服，如何让广大中国民众更加信赖日本，这些都必须要仔细加以研究。参谋长将这些指示传达给了我们这些参谋官。我们谨记松井将军的指示精神，立即展开研究，并就国际法和国际惯例的问题请教了斋藤良卫博士。最终，我们拟定了一份命令，要点如下：

（1）华中派遣军准备攻占中国首都南京城。

（2）上海派遣军和第十军将按照写在另一份文件上的《南京城攻略要领》向南京发起进攻。

在初稿第1条里，起初用的提法是敌国首都，但被松井将军更改为中国首都，因为他觉得日军的敌人并非中国整个国家，而是中国国民中的一小部分。

第2条提到的南京城进攻方略所指内容如下：

● 两军均需在到达距离南京城三四公里的线路时停止行军，为进攻南京城做准备。

● 12月9日，从飞机上向南京城内的中国士兵散发劝降书。

● 如果中国军队投降，就从每个师团中挑选二至三个大队，连同宪兵一起派入南京城。他们将在南京负责守卫地图上所标注的区域。特别是应当妥善保护涉及外国权益的场所和所有的文化机构，已在另一份文件上专门标明。

● 如果中国军队拒绝投降，就于12月10日下午发起进攻。在此情形下，进入南京城的日本各作战部队也必须依照上述要求行事。尤其必须严格维持军纪和道德，并迅速恢复城内秩序。在拟定上述命令的同时,参谋部还拟定了一份题为《南京城攻略及入城注意事项》的文件,目的在于使所有部队都能完全明白松井将军的意图。

上述文件的要点如下:

● 帝国军队占领并进入外国首都,在我国历史上没有先例,将永载史册。全世界都会以苛刻的目光注视这件大事。基于以上情况,绝对禁止所有部队强行冲进该城,绝对禁止部队之间的争斗,绝对禁止任何不法行为。

● 每个作战单位必须严格地维护军纪与道德,这样中国军民才会敬畏日本军队的威严,才会归顺日本军队。因此,任何情况下都必须杜绝有损日军名誉的行为。

● 绝不允许任何部队靠近任何外国权利和利益所在地,尤其是在附件示意图上所标明的那些外交机构。除非有绝对必要,各部队一律不得进入外交使团所在的任何中立区域。所有必要的地点应设置哨岗。并且,各部队严禁进入南京城外的中山陵、明孝陵和其他爱国革命家的安息地。

● 入城的分队必须经过师团长的专门挑选。占领南京城须知,尤其是城内所有外国权利和利益所在的地方,应提前发到各部队,以避免不论何种原因导致的错误。如有必要,应设置哨岗。

● 对那些抢劫或即便不小心引发火灾的官兵一律予以严惩。必须派遣相当数量的宪兵和助理宪兵与部队同时进城,以防非法行为的发生。

12. 所有外国权利和利益的信息均以我从各国驻上海总领事或领事那里收到的回复为根据,我是通过日本驻沪总领事向他们询问相关情况的。因此,为明确这些信息,我用红笔在地图上予以了标明。

至于那些文化机构,除中山陵和明孝陵两处的确切地址早已为大家熟知之外，其他均由日本外交机构调查并告知。通过这种方式，我把所有这类信息全都非常清楚地标注在地图上，以便所有日军都能够最大限度地认识他们。

13. 上述所有事关攻占南京的命令、通知和地图均于12月8日由参谋长塚田将军、参谋公平中校和我本人传达给了上海派遣军司令部。同时，另一名参谋被派往第十军告知所有上述事宜。致城内中国军队的劝降书于12月9日由句容航空部队空投散发。

当时，松井将军正在苏州卧病，参谋副长武藤大佐陪在他身边。

传达完上述所有命令后，参谋长和我们全体参谋官驻留汤水镇。

14. 12月10日，参谋长塚田将军和我在中山门外等候举着白旗的中国军队信使，一直等到大约13:00。然而，这名信使始终没来。因此，从14:00左右开始，我们对南京发起了总攻。尽管中国人依仗城墙进行了顽强的抵抗，但日军于12月12日夜里24:00左右成功地夺取了南京城。参谋长塚田将军担心部队可能会出现混乱，于是让其随从参谋通知两军严格遵守上述命令。尽管如此，大部分前线部队在我们不知情的情况下已经入城。后来我听说，他们入城是敌人的顽强抵抗被粉碎后带来的一种自然而然的结果。另一个原因是，中国军民将城外的军营和学校尽数破坏或烧毁，导致日军无处扎营。还有一个原因是城外的水源十分稀少，即使有，也根本无法饮用，这是我后来才知道的。

15. 12月13日，为了确认已经占领南京的事实，我从中山门进入了南京城。为松井将军的正式入城作准备，我分别于14日、16日两天再次进城。

我穿过中山门，沿着主干道先后来到国民政府大楼和大都会饭店。我走的这条线路就是松井将军入城时准备走的线路。我在那条路上没有看见尸体，只有一些沙袋散落在中山门附近。我看见城内机场附近，也就是城南地区有烟雾升起，但大都会饭店里面和周围的区域，也就是城北地区，没有遭到严重破坏。国民政府大楼毫发无损。大都会饭店虽然表面看起来没有遭到损坏，但由于中国军队似乎在这里待过，其内部却受到了极大的破坏。在司令部副官处的领导下，日军于16日上午对大都会饭店进行了清理。大家还克服困难为松井将军即将下榻的房间作了必要的准备。不过，据说参谋长以下的全体军官只能准备露营。

16. 12月14日，松井将军得到占领南京的消息，尽管病情还未完全康复，但他还是在参谋副长武藤大佐的陪伴下于15日从苏州乘小型飞机抵达句容机场，再从那里乘坐汽车到汤水镇。

12月17日，日军在南京举行胜利入城仪式，松井将军和时任海军司令官的海军中将长谷川清一道入城。松井将军下榻于大都会饭店。仪式结束后，松井将军召集全体参战军官开会，命令他们要更加严格地维护军纪和道德，同时还下令对城内部队进行调整，将不必要的部队撤到城外去。松井将军之所以下令要求严格执行早先发布的命令，是因为他收到了宪兵的报告，称部分他管辖的部队犯下了违反军纪和道德的罪行。

塚田将军立即命令手下参谋人员去城外巡视，以调查驻扎的各部队。结果发现，部队驻扎地极不适合扎营。因此，12月19日，日军决定将第十军撤回芜湖地区，上海派遣军除了留下第十六师团守卫南京之外，其余兵力逐步撤回长江北岸和上海地区。该命令逐步得以执行。

17. 12月18日，日军为战死军人和死难者举行了一场追悼仪式。在仪式上，松井将军特别强调不仅仅是日本死难者的灵魂，还有那些阵亡的中国将士的灵魂也应得祭奠和安息——这是建立中日双方和平友好的基础，也是本人一再强调的大东亚主义精神的真正实质。他还命令参谋长为悼念致辞作准备。

不过,我们没有足够的时间去做这些事,只好决定将纪念中国阵亡军民灵魂的仪式另找机会进行。松井将军对此极为遗憾。返回日本后,他让人在日本神奈川县热海市附近的伊豆修建了一座观音堂,为战死的日中两国军人亡灵祈祷。这座寺庙现在还在。

18. 按照国际法,由南京安全区国际委员会管理的所谓难民区并不能被正式承认为一个中立区,但日方认为这些区域不会有什么问题。因此,在占领南京之后,日军决定保护这些地方,并明确划分区域并派军队守卫。当时考虑,没有特别许可,就连士兵也不得进入这些区域。

后来,我们听说安全区委员会就日本士兵在这些区域内犯下的暴行提出过抗议。不过,这些抗议并没有送到华中派遣军司令部。姑且承认那里有过这类非法行为,抗议之事也必须提交到日本领事馆,由领事馆同特务机构进行交涉,或提交到上海派遣军司令部,因为后者直接负责南京的警备工作。尽管如此,华中派遣军没有从上海派遣军方面收到过任何情报,所以司令官松井及其参谋部对上述抗议均不知情。如果真有日军士兵做出非法行为,必定会受到调查及军事法庭审判,只有调查和审判结果会汇报给华中派遣军司令部。

然而,松井将军及手下所有参谋官回到上海之后,听说了驻南京日军犯下不法行为的传言。松井将军深感不安,命我传达下述指示:

据传日军在南京有不法行为。正如我在入城式上所指示的,为了日军的荣誉,任何情况下都不允许发生这种事。尤其是,朝香宫亲王担任我们的司令官,就必须更加严格地维护军纪和道德。任何胆敢胡作非为的人必定会受到严厉的惩罚。对于已经造成的破坏,应当想办法予以赔偿或归还。

因此，我于12月26日或27日前后离开上海前往南京，将上述指示传达给了上海派遣军参谋长。

韦伯庭长：萨顿先生。
萨顿检察官：这些都没有证明——
语言监督官：请稍等，萨顿先生。
伊藤辩护律师：（继续宣读）

据报告，上海派遣军参谋长和全体参谋日夜巡查南京的大街小巷，以确保军纪和道德得到很好的维持。

语言监督官：萨顿先生，你刚刚在宣读时插话了，我们没听清，你能再说一遍吗？
韦伯庭长：我想，你指的是第10页的倒数第2段？
萨顿检察官：是的，庭长，是第10页，以据传……开头的那一段。
语言监督官：先生，是哪一段？
萨顿检察官：第10页倒数第2段。
语言监督官：萨顿先生，你要指明证词中的某一部分时，请告诉我们它在第几段，不用说页码。英语的第10页对我们翻找正确的位置毫无用处。
萨顿检察官：第18段。
语言监督官：谢谢。是那一部分的倒数第2段。
萨顿检察官：尊敬的法庭，我反对的是松井的这些指示缺乏明证，这说明我们得不到它们的文件形式。
伊藤辩护律师：庭长先生，请听我解释。确实没有书面指示，它们都是以口头形式发布和传达的。
韦伯庭长：好吧，请继续宣读。

伊藤辩护律师：（继续宣读）

19. 在入城式举行前后，我前往南京并在城内进行了视察。除下关附近约有100具尸体，亚细亚公园附近约有30具尸体，且看来都像中国士兵以外，我那几天没有看见一个死人或被屠杀的中国平民的尸体。我听说南京有近5 000名战俘。但根据两支参战部队提供的情报，这些人从未遭受过屠杀，而是在长江对岸逐批被释放。

20. 松井将军一直竭力避免与其他国家发生摩擦，下令保护外国权益。参谋部也尽可能在各种场合向两支参战部队传达这些命令。尽管如此，从这两支部队送上来的情报中，我还是了解到了一些侵害外国权益的事情。由于这些侵犯外国权益的事件需通过国际谈判加以解决，因此由两支部队的司令部来处理。只有两司令部无法解决的，这类情报才送到了华中派遣军。在保护外国权益的问题上，我们在中国战场上感到非常为难的是，中国士兵和平民盗用美国、英国、德国和其他国家的国旗。他们经常用这种方式来妨碍日军的行动。比如，尽管根据以前调查的情况来看，很明显扬州当地不存在外国权益，但那儿却挂有英国、美国、和德国的国旗。这自然引起了我们的怀疑，通过查实发现是中国人在盗用外国国旗。

以上只不过是众多事例中的其中一起。我经常收到中国战场上此类事例的报告，海上和陆上都是如此。这给我们带来了极大的不便，导致日军士兵无法相信悬有外国国旗的地方就存在外国权利和利益。我们相信，南京发生的侵害外国权益的事件必定经过了上海战争损失调查委员会的处理，并得到解决。该委员会由来自陆军、海军以及当地外交机构的人员组成。

21. 我知道瓢虫号遭袭一事。我收到情报，说一艘英国炮舰在芜湖江域附近遭到第十军炮兵的攻击。因此，12月14日前后，参谋长命我前去调查实情。我立即赶往第十军司令部展开调查，结果发现如下事实：

12月11日，第十军司令部行军至芜湖附近。当时南京地区战事激烈，中国军队正乘坐事先动员来的各类大小船只从江面上撤退。柳川中将见此情形，便给第十三炮兵联队队长桥本大佐发电报下令：不论国籍，一律加以炮击！

他下此命令的理由是，他明白这些船只虽然挂着外国国旗，却搭载着撤退的中国军队。桥本大佐接到命令时正往南京方向行军，并于11日突然返回芜湖并占领了那里。第二天上午，在江面上的浓雾，他发现了一些载有撤退士兵的船只，便立刻下令轰炸。现在才知道瓢虫号就在这些遭袭船只之中，这完全是由于当时的浓雾所致，他弄错了。我将上述调查结果报告给参谋长塚田将军，后来又向松井将军作了汇报。

松井将军命令参谋长塚田将军向第十军司令官传达他的指示，要他立即向英国海军司令道歉。当时我就在松井将军身边，因此知道这件事。随后我听说，松井将军从南京回到上海后立即亲自拜访了英国海军上将利特尔，并向其表示了深切歉意。利特尔将军对此事件表示了谅解，并承诺将松井将军的歉意转达给英国政府。

22. 帕奈号遭炮击一事主要由海军方面进行调查。我只知道大概案情，并未深入了解过。关于此事，我也接到过情报称，松井将军从南京回到上海后，也立即向美国海军司令亚内尔将军表达了歉意。

23. 松井将军于12月17日进入南京城，并于20日同参谋长一起乘驱逐舰启程前往上海。其他所有人，包括参谋副长武藤大佐在内，于21日或22日搭乘一辆临时修好的火车到达上海。松井将军如此匆忙地赶回上海是因为接到了帝国大本营的命令,关于12月底向杭州地区发起进攻一事,因此,他不得不指挥作战。

24. 攻占南京之前,华中派遣军仍没有设置审判机构,自然也没有设立军事法庭。12月20日前后,日军的分布情况是这样的:上海派遣军总部驻扎南京,第十军司令部驻扎杭州地区,华中派遣军总部设在上海。因此,12月底,华中派遣军接到帝国大本营的命令,设立了军法处,军事法庭也随之成立。

每军附设的军法处系独立的司法机构,直接听命于各军司令官。虽然军事法庭审判结果须向司法处长官报告,但不受该长官的指挥。各军参谋长无权指挥军法处长官,但可以管理军法处的事务,各军参谋副长则无此职权。鉴于此,参谋副长以下的军官,如非从军法处长官那里获得了什么特殊情报,对军事法庭的判决或军法处的事务是一无所知的。

25. 我从华中派遣军参谋的位置退下来后很长一段时间,所谓的南京事件才开始在世界上谣传。如我之前所述,我曾去过南京多次,但从未耳闻过谣传所述的那样重大的事件,也从未目睹过任何与此事件相关的情况。

韦伯庭长: 我们休庭15分钟。

(14:45休庭。)

(15:00重新开庭。)

法庭执行官: 现在,远东国际军事法庭继续开庭。

韦伯庭长: 证人在哪里?证人应该在开庭时重新回到自己的席位上。今天的庭审太松散了,想不到此刻还得浪费时间。庭审并非儿戏,应当严肃。我们得对某些人采取更严厉的措施。

(中山宁人再次作为辩方证人被传唤,宣誓后通过日语译员作证如下。)

佐伯辩护律师：我是被告武藤章的律师佐伯千仞。我将就被告武藤有关的部分对这位证人作简短的本方询问。

直接询问（由佐伯辩护律师询问中山宁人证人）

问：通常来说，被告武藤章曾任职的华中派遣军副参谋长的职责有哪些？

答：参谋副长作为参谋长的助手，其主要职责是根据参谋长的命令负责人员和弹药的补给工作。

问：参谋副长有权作决定或下命令吗？

答：如我之前所说，他仅仅是参谋长的助手，无权下决定。

问：在南京期间，从 12 月 17 日入城式起至同月 21 日或 22 日为止，他参与了哪些工作？

答：首先是检查工作，接着部署南京城外的部队，以及控制城内日军士兵出城；还有调查南京城外的营房，尽力制止城内日军士兵出城。

语言监督官：更正：他尽力让尽可能多的日军部队驻扎在南京城外。

答：（继续）他吩咐我这位高级参谋，要我注意保护外国权益，以及重视其他有关外交关系的事务。

问：你被任命为代表华中派遣军的高级参谋军官，有没有特殊的原因？

答：我想是因为武藤大佐考虑到我曾留学美国和中国，认为我是处理外交关系的最佳人选。

佐伯辩护律师：询问完毕。

伊藤辩护律师：检方可以进行交叉询问。

韦伯庭长：萨顿先生。

萨顿检察官：尊敬的法庭。

交叉询问（由萨顿检察官询问中山宁人证人）

问：日军第十军，即柳川军是何时登陆中国的？

答：1937年11月5日。

问：1937年10月30日，松井将军是否担任华中派遣军司令官？

答：可以重复问题吗？

（法庭书记官重复上述问题。）

答：是的。

问：他当时是否兼任上海派遣军司令官？

答：是的。

问：松井担任华中派遣军司令官的时间多长？

答：大约10个师团。

问：你显然没有听懂我的问题。我问的是松井担任华中派遣军司令官的时间有多长？

答：松井将军起初担任的是上海派遣军司令官，后来兼任了华中派遣军司令官。在这之后，他才开始担任华中派遣军司令官。

韦伯庭长：你真的想知道松井在职多长时间？

问：侵占南京一役所投入的日军部队，是否全部由松井指挥？

答：不是的。

问：那么松井在1938年2月被畑俊六取代之前，已不再继续担任占领南京之日本军队的司令官了，是吗？

答：占领南京时，松井将军只担任华中派遣军司令官，后来他的职位由畑俊六将军接任了。

问：日军于1937年12月13日进入南京城之后，南京的中国守军还在继续抵抗吗？

答：12月几日？

问：13日。

韦伯庭长：13日。

答：13日早晨，确切地说，日军是在12月12日午夜攻克了南京城。日军攻占南京城是在12月12日晚，如果要我说得更准确一点，是在12月13日凌晨。我们认为战斗持续到13日上午，是因为日军攻占城墙后还乘势追击了逃跑的中国军队。

问：南京陷落后，城内所有的武装抵抗都停止了，难道这不是事实吗？

答：是的。我认为13日上午武装抵抗就停止了。

问：松井在哪——你说过松井的司令部设在大都会饭店。该饭店距离金陵大学校园有多远？

答：据我回忆，饭店应该在大学以北约2公里处。

问：大都会饭店离最近的难民区有多远？

答：我想——我记得约为1.5公里。

问：哪一个难民区离松井的司令部最近？

答：我记得南京只有一个难民区。

问：20万难民全都挤在这一个难民区里？

答：是在一个地方，但面积很大，并不拥挤。

问：金陵女子文理学院在你所指的难民区内吗？

答：是的。

问：松井在南京待了多久？

答：自南京攻陷后约一个星期。

问：你在证词中称他于17日抵达并于20日离开。我是否可以理解为你想修改证词？

问：我收回一星期这个说法。我弄错了。我在证词中所说的才是正确的。

问：我想请你注意松井在其讯问笔录即证据第257号中的供述，我从中引用一句话："我于17日进入南京，一周后回到上海。"

你现在能想起来了吗？

答：松井将军到底在南京停留了几天，我没有很确切的记忆。但是凭我的记忆，他在南京停留的时间和我在证词里所说的是一样的。

问：1937年12月哪几天你在南京？

答：攻占南京前后，我待在该城的郊区，一个叫做汤水镇的地方。我第一次进城是在13日，随后的14日和15日也待在城内。

问：你视察南京城的时间又是哪几天？

答：在城内的每一天。

问：你视察了城内哪些地方？

答：我不太记得确切的街道名或城区名。但我视察过南京城里里外外。

问：你有机会到金陵大学校园视察过吗？

答：我猜测你说的金陵大学是指金陵女子文理学院？如果是指后者的话，我去过。你是指金陵女子文理学院吗？

问：我指的是金陵大学，它与金陵女子文理学院不是一个学校。

答：我从未见过金陵大学。

问：你是否有机会视察过金陵女子文理学院校园——该校……

答：去过两次。

问：该校有2万多名妇女和姑娘在校园里避难，是吗？

答：我不知道在那里避难的妇女和女孩的确切人数，但是我的确亲眼见到有妇女和姑娘在那里避难。

问：你在南京城内多少个地方见到过尸体？

答：两个地方。

问：你晚上也像白天那样进行巡视吗？

答：是的。

问：晚上巡查几次？

答：我记得有两次。

问：你在南京城内哪两个地方见到过尸体？

答：第一处是在南京郊区一个叫做下关的地方。第二处是在亚细亚公园。

问：那么你只在南京城内一个地方见到过尸体，是这样吗？

答：更确切地说，这意味着我没有在南京城内见到过任何尸体。

问：你在南京城外的这两处地方见到的尸体是平民还是士兵的？

答：是士兵的尸体。

问：也就是说无论城内还是城外，你没见过一具平民的尸体？

答：从来没有。

问：你在证词第 8 页中说——

语言监督官：请讲段落位置。

萨顿检察官：第 15 部分第 2 段。

（继续宣读）

我在那条马路上没有看见死尸，只有一些沙袋散落在中山门附近。

那些沙袋里没有装着尸体吗？

答：这些沙袋里没有尸体。

问：你通过这段证词想说明什么？

韦伯庭长：萨顿先生，我们都明白其中含义，你不明白吗？

问：你是否查看过南京的小巷？

答：查看过。

问：你查看过江边大道吗？

答：查看过。

问：你查看过南京城外的长江沿岸吗？

答：查看过。

问：那么你不知道长江岸边有成千上万具平民的尸体，都是被日军士兵射杀的吗？

答：完全不知道。

问：你看到过日本士兵在大街上押送绑在一起的中国平民吗？

答：没有。

问：难道你不知道日军从安全区带走多批平民，每批一千余人，迫使他们走到长江岸边，然后用机关枪射杀？

答：我从未在任何时间看见或听说这样的事，我绝不相信这是事实。

萨顿检察官：这些问题基于马吉牧师和许传音博士的证词，分别见庭审记录第3898页和第2563～2564页。

问：松井是在何时首次收到他手下部队在南京犯罪情况的报告的？

答：第一份报告在入城后马上就收到了。

问：谁提交的报告？

答：我认为来自宪兵队，即宪兵机构。

问：报告里所说的军队所犯罪行属于何种类型和性质？

答：我记不清了。

问：除了宪兵提交的报告以外，他有没有收到过其他有关他手下部队犯罪的报告？

答：我想他收到过。

问：其他抗议他手下部队在南京城内犯下罪行的报告是谁提交的？

答：松井将军手下的司令官以及师团长那里，也有从外交机构那里来的。

问：他进城当天，收到了多少份手下司令官和师团长提交的有关这些罪行的报告？

答：我记不清了。

问：他收到报告时你是否在他身旁？

答：不，当时我们没在一起。

问：你是否知道，他收到这些报告时，被告武藤章是否与他在一起？

答：我不记得了。

问：你说松井还收到过外交机构提交的报告，你指的是南京城内的领事馆官员吗？

答：是的，我指的是还留在日本驻南京领事馆的日籍官员。

问：福田笃泰（日语拼写 F-U-K-U-D-A）是向松井将军提交报告的领事官员之一吗？

答：我不知道福田当时是不是还留在领事馆。

问：南京代理总领事福井是否也向松井提交过报告呢？

答：我不记得了。

问：你认识总领事日高信六郎吗？

答：认识。

问：12月17日当天及随后数日他不在南京吗？

答：我想他当时在南京。

问：外国侨民递交给总领事抗议日军士兵犯罪行为的报告，没有送给东京军方——在南京的日本军方吗？

答：我想此类事件向上海派遣军特务机关报告过了。

问：南京安全区国际委员会每天向领事机构递交关于日军在南京犯下罪行的报告，有时一天内甚至递交多份，这不是事实吗？

答：是的，我很久以后才听说此事。

问：除此之外，金陵大学贝茨博士、约翰·拉贝先生和约翰·马吉牧师以及其他一些人士没有向领事机构递交关于日军在南京犯下暴行的报告吗？

答：我后来从别人那里听说了这些事。

问：1937年12月16日，南京安全区国际委员会秘书向日本领事馆的福田先生递交过一份内附日军暴行一览表的报告，这不是事实吗？

答：我不知道此事。

问：1937年12月18日，当时松井还在南京城内，南京安全区国际委员会主席约翰·拉贝向日本大使馆递交了一份提请第二秘书福井先生注意的报告，难道这也不是事实吗？

韦伯庭长：萨顿先生，这不可能吧，你竟然问他是否知道这所有的细节。除非他是领事馆的工作人员。你的问题只不过使我们想起这些证据。你没有抱着获得答案的目的向他摆出你的证据，你的目的只是为了提醒我们这些控告证据的存在。虽然知道这一点对庭审有益，但说实在的，它们本应该在结案陈词中才使用。

问：驻南京的日本领事馆官员向军方汇报过从外国侨民那里获得的情报吗？

答：如我之前所说，我认为此类报告应该提交给了上海派遣军和特务机关，但没有送给华中派遣军，这一点很令人遗憾。

问：谁负责将这些报告转交给华中派遣军？

答：我想应该是上海派遣军参谋部。

问：松井还在南京时，外交机构的人员没有直接向他递交报告吗？

答：没有。

问：请你注意，松井将军在其讯问笔录，即证据第257号中交代说，他一到南京就收到过手下部队犯下众多暴行的报告，还说这些报告是由驻南京的日本外交官们提交的。这不是对事实的准确陈述吗？

答：我不了解这些细节，因为我没有一直待在松井将军身边。但据我所知，华中派遣军没有收到过来自外交渠道的报告。

问：你见过南京城内起火吗？

答：见过。

问：你在南京期间见过哪几个地方起火？

答：就一个地方，在南京城南机场的西面。

问：城内还是城外？

答：城内。

问：你在南京期间只看到一个地方起火？

答：是的。

问：你在证词第 20 段中说，华中派遣军收到了有关侵害外国权益的情报。你收到了多少起南京外国权益遭侵害的投诉？

答：两起。

问：这两起投诉或其中任何一起与 1938 年 1 月 1 日苏联大使馆起火一事有关吗？

答：无关。

问：那它们与基督教青年会、教会大楼或教会学校被烧毁有关系吗？

答：这类学校被烧毁一事，我连听都没听过。

问：你没听说过苏联大使馆被烧一事吗？

答：我听说过。

问：1937 年 12 月 21 日，22 名外国侨民曾联名向领事馆提出申诉，要求制止遍布全城的纵火行为，这份申诉给你过目了吗？

答：没有。

萨顿检察官：这个问题基于证据第 323 号的第 20 段。

韦伯庭长：我们休庭至明天上午 9:30。

（16:00 休庭。）

1947 年 5 月 13 日，星期二
日本东京都旧陆军省大楼内远东国际军事法庭

（9:30 开庭。）

法庭执行官：现在，远东国际军事法庭继续进行。

韦伯庭长：占领军的官方报纸、日本新闻界的风向标《星条旗》报再次刊发有关此次庭审过程的报道,其中出现的严重误传如此之多,要想加以纠正必须重写。

法庭没有指责过辩方不合作。没有人使用过不合作这一措辞。

有人认为是庭长说的,但我从来没有用过这个词。

法庭没有做出过新闻上报道的那种裁决。

法庭没有向辩方律师做出过任何保证,也没有要求他们做出任何保证。

法庭记者统统都是美国人,他们对庭审的报道非常忠实,这一点应该指出。

我知道,媒体不会做出任何更正。但我呼吁盟军统帅保护此军事法庭,使其免遭歪曲报道的影响。

假如我的祖国知道,占领军的官方报纸被允许通过歪曲报道来贬低法庭在日本民众心目中的形象的话,我确信它不会同意参加此次在东京进行的审判。

(中山宁人再次被作为辩方证人传唤,宣誓后通过日语译员作证如下。)

交叉询问(由萨顿检察官询问中山宁人证人)

问:昨天你作证说,被告武藤下达过指示,要求你保护外国利益。那你有没有向他汇报过有人投诉南京外国利益遭侵害的事?

答:我汇报过。

问:武藤向你提到过他收到的关于南京外国利益遭侵害的投诉吗?

答:武藤大佐从未和我说过他自己曾直接接受到过任何报告。不过,我现在说的只涉及我们进入南京后不久发生的事。换句话说,我说的是1937年我们进入南京城之后发生的事。

问:武藤跟你一起视察过南京及其周边地区吗?

答:他一次也没有跟我一起视察过。

问：你知道他是否视察过南京及其周边地区吗？

答：我不知道。

问：1937年12月武藤在南京待了多久？

答：我记得是从12月15日到20日。

问：他在南京城的天数不是10天吗？

答：我刚才说过，他在南京停留的日子始于——他12月15日到20日之间停留在南京，一共是6天。我所指的南京既包括市郊，也包括城内。

问：武藤在其讯问笔录即证据第255号中交代说，他在南京待了10天，12月24日或25日离开。你现在能想起来了吗？

答：即将攻占南京城前夕，武藤大佐与松井将军一道于15日抵达句容机场。我相信他是与我们一起于21日或22日坐火车离开南京的。

问：武藤还在证据第255号中交代，参谋长塚田给他讲过日军士兵在南京城干过偷盗、杀人、（性）攻击和强奸之事。你听说过这些事吗？

答：首先，关于杀人的事，我从未听说过。其次，关于偷盗，我不知道用偷盗一词是否合适。不过，我相信会有少数这样的事件发生。

语言监督官：我不知道你是否称其为偷盗，但我相信发生过几起抢劫事件。

答：（继续）第三，关于侵犯妇女，我相信在一段时间里，在有限的范围内可能发生过几宗案例。

问：你在证词第18段提到由南京安全区国际委员会管理的所谓的难民区，这跟南京安全区国际委员会是一回事吗？

答：我认为是一回事。

问：你说士兵没有特别通行证是不允许进入这些区域的。难道士兵们没有不分白天黑夜屡次闯入安全区并从中带走妇女和女孩供其淫乐吗？

答：我认为这不是真的。

萨顿检察官：这个问题是基于金陵女子文理学院宿舍舍监陈夫人

的证词提出的，见庭审记录第 4465～4466 页。

答：这个中立区或难民安全区由我们的军队保护，出入口均设有岗哨。未经上级军官允许，士兵不得进入该区域。因此，如果真有士兵进入中立区，我确信是为了这个目的——他们在执行警卫任务。

问：你在证词第 18 段中还提到，"后来，我们听说国际安全委员会对日军士兵在这些安全区内犯下的暴行提出过抗议。"

你什么时候听说的？

答：战争结束之后。

问：总领事日高先生在证据第 2537 号中作证说，总领事馆将南京外国侨民投诉日本士兵胡作非为的报告递交给了东京外务省以及驻南京军方。东京外务省又提请过陆军省注意这些报告。东京当局就这些报告询问过华中派遣军吗？

答：根据我的回忆，没有这种事。不过，攻占南京一个月后，本间少将被派往华中派遣军，我确信他向参谋长就部队纪律略松弛一事表示过不满。但是，这种不满仅仅是部队纪律方面的问题，与诸如大屠杀或抢劫一类的事毫无关系。

问：你在证词第 19 部分提到了南京的战俘。被俘中国士兵享受战俘待遇吗？

答：是的。他们享受战俘待遇。

问：设立过战俘营吗？

答：是的，后来设立的。

问：武藤在其讯问笔录即证据第 255 号中交代，鉴于日中冲突官方称之为事变，所以在 1938 年最终决定被俘中国人员不被视作战俘。你同意这种说法吗？

答：中日冲突是件非常不幸的事，也很复杂。因此，尽管我们无法在前线按国际法正式给予俘虏战俘待遇，但我相信这些俘虏实际上享受到了国际法条款所规定的战俘待遇。因此，武藤大佐所言只是关注到此问题的国际法地位方面，而实际情况是华中地区的俘虏享受到了战俘的优待。不仅如此，那些真正理解中日冲突的战俘后来还被召进了中国军队的正规部队，即汪精卫政权手下的部队。

问：为什么1937年和1938年要在华中地区设立战俘营？

答：我不清楚详情。但我确实知道在上海市郊有2～3座战俘营。

问：搜查放下武器的中国士兵，找到后将其枪杀，这难道不是华中派遣军的政策吗？

答：华中派遣军从未采取过这种政策。考虑到日中两国人民的基本现状，华中派遣军司令官松井将军真诚地认识到，日中两国人民必须和平共处。这才是真相。每当我想到松井将军在日军向南京推进的过程中为此所付出的种种心血，我都禁不住感怀颇深。

问：难道南京安全区国际委员会没有安排掩埋投降后被日军枪杀于长江边的3万多具中国士兵的尸体吗？

答：我从未听说过这种事。不过，有可能是有人误解甚至曲解了以下情形，当成你刚刚提到的情况传播到世界上去了：中国溃军的几名士兵携带武器躲进安全区。他们被抓了出来，其中部分人被移交军事法庭受到审判并被处决。这件事很可能被极大地夸张，并以极度言过其实的方式在外界传播。

问：有多少人在被枪决之前受到过军法审判？

答：我不记得人数。

问：你在证词第19部分中说过，约有5 000名俘虏被陆续释放到长江对岸。到达长江北岸的俘虏，难道不是只有日军在长江南岸枪杀后漂到江对岸的中国士兵的尸体吗？

答：不是这样的。那时南京及其周边地区有好几万日军部队，由于粮食不足，日军无法为中国战俘提供给养。所以帝国大本营当时的政策是不扩大中日冲突。大本营下令要求华中派遣军一旦夺取南京，就把兵力集中在那些已经控制的地区；因而，我相信将所有战俘释放到长江北岸一事符合这个政策。

问：你是何时辞去华中派遣军参谋职务的？

答：由于华中派遣军于1938年3月正式解散，我自然就离开了参谋的位置。不过，我在新组建的华中派遣军继续担任参谋，一直到1939年3月。

问：你在证词最后一段说，所谓的南京事件是在你离职很久之后才在世界上谣传开来的。难道这些报告在你离职之前就已经流传到外界一事不是真的吗？

答：我相信是在我任职华中派遣军期间，这些报告流传到了外界。不过，我本人直到战争结束之后才听说此事。

问：1938年1月，美国政府根据美国驻华大使馆递交的详细报告，通过驻日大使约瑟夫·格鲁就日军的南京暴行向日本外相广田弘毅多次提出强烈抗议，你不知道吗？

答：现在回想起来，我对你说的这件事有一点模糊的印象。但考虑到当时的国际形势，我把这当成了一种宣传手法，因此并没有在意此事。

问：格鲁大使的这些抗议是你在证词最后一段提到的谣传之一吗？

答：对我来说，将这些抗议视作谣言而不加理会是很不礼貌的事。不过，在我看来，南京事件可以分成四个部分——必须根据以下四点来看：

第一点：屠杀平民。我相信这一点没有根据。

第二点：屠杀战俘。这一点我同样认为不是真的，除了我在前面陈述过的、被外界误传的事情以外。

第三点：侵害外国权益，尤其是外国财产。我相信可能发生过几起这样的侵害案件，但很难说这到底是日本军队还是中国军队所为。这种说法不清的案件有好几起。

第四点：强奸、侮辱妇女和女孩之事。我相信发生过几起这种事件,但程度有限。对这种事情的发生我表示遗憾。

对我来说,在法庭面前发表意见非常不合适,但是,我希望今后不要再发生此类事件。

问:一位德国驻华大使向德国外交部提交了一份报告,详细记录了1937年12月8日至1938年1月13日期间发生在南京的惨事,这在你看来也是外界谣传吗?

韦伯庭长:伊藤先生。

伊藤辩护律师:这个问题在直接询问中没有提到过。

证人:我对此事一无所知。

韦伯庭长:萨顿先生,你想听证人对此问题的陈述吗?

他简直就是在为松井辩护。他站在松井一边,主要意思是想告诉我们,松井尽了最大努力来制止日军犯罪,保护中国人民。事实上,即使身为审判长,我都想亲自询问他。

(辩方律师)反对无效。

萨顿检察官:我的问题是基于庭审记录中的证据第329号提出的。南京那段灾难性的日子清楚地表明纪律的缺乏、暴行和犯罪行为,这不是个人的问题,而是整个军队,也就是日本军队,德国外交部的报告中没有说过这段话吗?

答:司令部在职权范围内尽了一切努力去制止此类事件的发生,这是事实。我相信,只有历史才能对日军纪律的松弛程度给予公正的评价。

语言监督官:整个日本军队。

萨顿检察官:交叉询问到此结束。

韦伯庭长:证人,你把松井为制止日本军队在南京犯下罪行以及惩处罪犯所采取的所有措施都告诉我们了吗?

证人:我相信我已经陈述了大部分事实。还有一个事实,请允许我陈述。1937年底发生了几起闯入外国建筑,尤其是总领馆、公使馆和大使馆并实施抢劫的案件,其中既包括日本士兵,也包括中国士兵。

韦伯庭长:那么,今天上午你说过,部分躲在安全区里的中国士兵经军法审判后被处决,他们被控何种罪名?

证人:我不知道此案的详情。不过,如果这些士兵没有投降且持有武器就躲进安全区的话,即便他们被控将来意欲图谋不轨,也不会享受被辩护的权利。

另外,我记得当时上海派遣军发布了一份公告,敦促逃到安全区的中国士兵投降。

关于我刚刚讲到的外国建筑遭劫一事,松井将军得知后立刻把我从他的上海司令部派往南京开展调查。另外,驻上海的日军司令部听闻外国外交使团汽车被盗,立即购买了12辆新轿车,送给驻南京的外交使团作为损失赔偿。

韦伯庭长:军事法庭审判记录在哪,你知道吗?

证人:尽管我不知道详情,但我相信应该保留在上海派遣军司令部。

韦伯庭长:松井被畑俊六取代,是作为南京暴行的发生而对他实施的一种惩罚吗?

证人:不是,不是这么回事。由于松井将军从预备役名单里被遴选出来担任日军的司令官,已经树立了自己的声望,因此一般认为由一位现役将军来代替他是合适的。这就是我的想法;另外也是因为松井将军年事已高。

再次直接询问(由伊藤辩护律师询问中山宁人证人)

问:证人,昨天你说你了解苏联大使馆失火一事。你调查过火灾的起因吗?

答:调查过。

问:调查结论是什么?

答：调查结论是火灾起因依然不明。我们不清楚这是否源于纯粹的失误还是使馆的看守人故意纵火。我知道当时苏联大使馆内有一名看守。我确实——我完全想不起苏联政府曾经就此事向日本提出过抗议。

伊藤辩护律师：我的再次本方询问到此结束。

证人可以照例退庭吗？

韦伯庭长：照例退庭。

（证人退庭。）

五、日军进行华北经济侵略(第二部分)

韦伯庭长：神崎律师。

神崎辩护律师：请求法庭传唤证人及川源七出庭作证。

（及川源七被作为辩方证人再次传唤，通过日语译员作证如下。）

直接询问（由神崎辩护律师询问及川源七证人）

韦伯庭长：你之前的宣誓仍然具有效力。

问：请向证人出示辩方文件第1324号。

（一份材料交给了证人。）

问：证人，请看一下证词。此证词是否由你本人写就？

答：是的，这份证词是我写的。

问：签名是你的吗？

答：对，是我的。

问：文件内容有需要更正的地方吗？

答：没有。

韦伯庭长：文件内容是否属实？

答：属实。

问：我提交辩方文件第1324号作为证据。

韦伯庭长：照例许可。

法庭执行官：辩方文件第1324号将被标为证据第2579号。

（辩方证据第2579号被接受。）

神崎辩护律师：我宣读证据第2579号除第1、2和5部分以外的内容。

（宣读）

  3. 我们没有将七七事变视为一场正规战争。我们的基本愿望是通过尽早解决该事件以及获得中国人民对我们真实想法的理解，来重建中日之间的和平关系。我们因此想尽力摧毁那些敌视日本的中国军队。因而，日本在政治、经济和文化领域均按照这样的目标来采取行动。

  谈到经济领域，日军所占领的地区均毁于双方交战的炮火之中。中国军队所采取的焦土战术摧毁了一切，没给日军留下任何可以使用的东西。这种策略自然给日军造成了很多麻烦，但更为遭殃的是中国的广大民众，因为他们的生产工具被毁后，生计直接受到威胁。不仅是老百姓，后来成立的当地政府以及中央政府也急于复原被毁地区，并稳定百姓的生活。百姓的生计受到威胁，治安就更不用说了。

  因此，由于稳定百姓生活是施政的当务之急，新政府的官员最为急于维持社会稳定。另一方面，根据百姓和新政府的渴求，日本必须担负起保证百姓生活并尽快解决事端的责任。我们深刻地感到应顺应他们的要求尽早恢复社会稳定，重建一般性的生产。尽管日本希望应由中国自己而非日本来完成此经济复原，但由于中国资本家有许多已经远逃到内陆，无人提供必要的资金，生产资料也已经毁于战火之中，日本因此不得不自己承担使命，通过向中国提供必要的资金、物料和工业技术来达到快速恢复的目的。

  在日本的引导下，各地不少企业应运而生。尽管日本希望尽可能地由中国自己来解决经济问题，但这些企业依然都采取了中日民众合资的形式。至于原因之前已经说过，因为中国人不具备独自承担这项任务的能力，因而要求日本出手相援。

考虑到这一点,我们尽可能多地聘用具有影响力的中国人来担任职员或雇员,并尽可能任命中国职员担任那些他们更能胜任的职位。由于本地的单个公司极难筹措资金、收集物料以及派遣工程师,我们便将整个地区划分为华北和华中两个区域,并根据当地特点,分别在两个区域内各建立一个公司。这样建立的公司可以最大程度地与我们进行合作。

这些就是华北开发株式会社和华中振兴株式会社组建的原因。小公司从事的业务几乎无法盈利。不过,由于这些公司从事产业重要分支的建设,因此,尽管无利可图,还需牺牲我们的各种利益,我们依然尽最大努力来经营这些公司。为这些公司负担经费并由进行投资的总公司负责改善它们的状况。

由于这两个总公司意义重大,是日本达成其重大目标的手段,政府通过由国家拨款来为公司提供资金补贴,以避免公司的管理权落入私营合资者手中,来确保公司的顺利运作。政府从敌对开始之日起直至争端结束,一直持续承担提供资金支持的责任。

如上所述,日本的在华经济政策体现了对中国经济复原所作出的种种努力,我确信其不构成经济侵略。

华北开发会社和华中振兴会社绝无可能对中国百姓施加压力、没收他们的资产或下令抢劫他们的所有物。公司兴许扩大了对中国人的保护范围,但从未抢过他们任何东西。职员里某些无关紧要的人可能确实作出过一些不当行为,但由于这是日本的基本国策,不论是军队还是公司都从未做过此类行为。

4. 其次,我将陈述将军管工厂归还给原厂主一事的过程。日军在事件发生期间接管的工厂的原经营者从避难处返回后,只要他们是工厂的合法拥有者并具有足够的能力继续经营,日军就将工厂归还给他们。由此归还给原经营者的工厂总数相当可观。

在归还给原所有者时,这些公司的设备和机器数量不可能被发现不如从前，恰恰相反，有很多公司的设备还得到了改进。钟纺（钟渊纺绩株式会社）管理下的江北工业公司就是这样的事例之一。还有，上海的电力公司也另外逐步安装了更高级的机器，能够生产比以前更多的电能。此外，各类物料和设备如汽油、铁轨和公交汽车等源源不断从日本运来。

跳到第 6 段。

6. 举一个具体例子来说明日本的对华政策并非以经济侵略为目标：当时中国正面临着严重的粮食问题。

稻米的供应难以满足需求，缺口高达 50 多万吨。首先，我们从加拿大、美国和澳大利亚进口面粉，并将大部分运往华北地区。后来，我们发现很难再从这些国家进口面粉时，便将之前日本从法属印度支那和泰国进口的宝贵的储备稻米供给华北地区，这些稻米原本是供日本国内使用的，当时正由日本农林省保管。

太平洋战争一爆发，我们立即在华北地区展开了农垦作业，目的是使该地区实现自给自足。我们计划将从太沽地区绵延到滦州的贫瘠土地改造为肥沃的稻田。幸运的是，经过两三年的努力，我们的付出得到了回报，稻米年产量约达 250 万蒲式耳。通过扩展耕种面积，我们计划让华北实现自给。不过，由于中国共产党的强烈阻挠，从事农垦作业的人员大量流失，该项工作没有得到进一步的发展。尽管如此，我依然坚信，250 万蒲式耳稻米为改善华北地区的粮食状况做出了巨大贡献。

此外，我们还将蒙疆和满洲的粮食输送到华北地区以弥补那里的粮食不足。一直以来，华北地区都饱受粮食短缺之苦，产出的粮食只能满足其区区 1/3 的需求。正是由于日本方面的巨大努力，食品短缺现象才得到了改善。

还有，我们制订了计划，要在长江以北地区开始大面积的农垦，并修复中国军队摧毁的河堤，然后在黄河洛阳段上游的三门峡附近修建水坝。修建水坝一是为了防止黄河季节性的洪水泛滥，二是为了利用堤坝产出 50 万千瓦的电能，以供应华北的工业发展。可惜的是，受接下来的战事干扰，这些计划未能付诸实施。

但这样的事实本身证明，日本已尽全力来尽早解决该事件，以创建一个百姓生活得到稳定、生活水平得到提高的和平地区。

签名及川源七

韦伯庭长：你希望我们对检方代表表达的意见不加考虑；我想这也同样适用于辩方证人表达的意见。

神崎辩护律师：请开始交叉询问。

韦伯庭长：奎廉准将。

奎廉检察官：尊敬的法庭，检方不要求进行交叉询问。但关于这位证人的证据，以及昨天就类似问题出庭作证的川本所提供的证词，收录在证据第 2576 号中，如果法庭能参考检方文件，证据第 861 号、460A 号、470 号、467 号和 594 号，将会有所帮助。

韦伯庭长：神崎先生。

神崎辩护律师：证人可以照例退庭吗？

韦伯庭长：照例退庭。

（证人退庭。）

韦伯庭长：我们休庭 15 分钟。

（10：45 休庭。）

六、河边虎四郎证词与七七事变

（11:00 重新开庭。）

法庭执行官：远东国际军事法庭现在继续开庭。

韦伯庭长：阪埜律师。

阪埜辩护律师：辩方现在提交以下 10 份文件，是证人河边虎四郎在证词中提到的部分材料的证明。我提交辩方文件第 1382 号作为证据。

韦伯庭长：柯明斯-卡尔先生。

柯明斯-卡尔检察官：庭长阁下，这份证明实际上意在描述缺失文件的内容，或至少意在描述其主要内容。但我认为，事实上，证词中没有对文件的这种描述。而辩方朋友要求我注意的证词中的段落，并没有使用类似于这份证明中出现的词语来描述其声称缺失的文件。

因此，我的第一点反对理由是，提供证明的人不能在该证明中请求法庭接受对被证明文件的内容的描述。第二点反对理由是，证明只是说原文件目前不由第一复员局保管，这根本不能说明什么。

韦伯庭长：证明不能用来解释文件的缺失。证明是用来证实文件内容真实性的，而且在任何情况下都必须内容完整，但此证明并非如此。它只是证明了该文件目前不在复员局。在我看来，这份证明文件不具备证据价值。

阪埜辩护律师：我想就这一点做点解释。

韦伯庭长：法庭认为反对有效，驳回该文件。

阪埜辩护律师：接下来我提交辩方文件第 1372 号作为证据。这份证明书证实制定于 1937 年 7 月 29 日、题为《在华作战计划大纲》的文件已不存在。

韦伯庭长：柯明斯-卡尔先生。

柯明斯-卡尔检察官：庭长阁下，我们不反对这份文件，因为它的确说明了文件已在战争结束时被烧毁。这自然符合我们之前对此事作出的评论，在此我不再重复。

韦伯庭长：照例许可。

法庭执行官：辩方文件第 1372 号被标为证据第 2580 号。

（辩方证据第 2580 号被接受。）

阪埵辩护律师：我将宣读证据第 2580 号。

（宣读）

证明

兹证明，经调查发现，制定于 1937 年 7 月 29 日，题为《反华行动纲要》（即《对华作战计划大纲》）之文件已在战争结束时被烧毁，其后便不再由此机构保管。

证明地点：东京

证明日期：1947 年 4 月 25 日。

美山要造（印章）

韦伯庭长：哪个机构？该证明上没显示。

阪埵辩护律师：这个机构是第一复员局。

韦伯庭长：那么，既然这份文件已被法庭接受，我们便不再多言，但该证明上的确没有显示。

柯明斯-卡尔检察官：庭长阁下。

韦伯庭长：请说。

柯明斯-卡尔检察官：从其他证明上可以看出，提供这些证明的人的确在该机构任职，因此，我没有异议。

阪埜辩护律师：辩方文件第 1158 号是一份证明，证实发布于 1937 年 7 月 8 日，内容是禁止诉诸武力，以防止事态范围扩大的命令原件已不存在。鉴于这份证明已被法庭接受为证据第 2493 号，我们在此只希望提请法庭注意。

接下来是辩方文件第 1159 号，证明 1937 年 7 月 9 日的一份文件，其中列出了同中国谈判所需遵循的政策，已不存在。鉴于这份证明已被法庭接受为证据第 2494 号，我们在此只希望提请法庭注意。

韦伯庭长：柯明斯-卡尔先生。

柯明斯-卡尔检察官：庭长阁下，这两份文件已经被列为证据，因此我现在再作任何评论已经为时已晚。

韦伯庭长：文件被接受为证据的条件是，如果有法庭未知的事实可以证明，可对其提出异议。

既然提到了这份文件，你现在可以提出任何你想提的问题。

柯明斯-卡尔检察官：庭长阁下，关于辩方文件第 1158 号，即证据第 2493 号，我反对是因为它意在描述文件的内容。但鉴于它的确对文件在战争结束时被烧毁一事做出了解释，证据第 2494 号也是一样，因此我不能对它们的受理提出异议，只想请求法庭忽视证据第 2493 号对该文件内容的描述。

韦伯庭长：阪埜律师。

阪埜辩护律师：我没有什么要说的。

下一份辩方文件第 1157 号，证明题为《华北事变处理方针》的原文件已不存在。鉴于这份证明已被法庭接受为证据第 2492 号，我们在此只希望提请法庭注意。

接下来我提交辩方文件第 1383 号作为证据。这份证明证实，基于天皇敕令，发布于 1937 年 7 月 11 日，内容是派遣当时在满洲和朝鲜的部分日军部队前往中国的命令文件已不存在。

韦伯庭长：柯明斯-卡尔先生。

柯明斯-卡尔检察官：庭长阁下，我们认为，这份文件作为证明并不合适，因为它只证明了该文件未由第一复员局保管。

韦伯庭长：那些未经反对已被接受为证据的文件也存在同样的问题。

柯明斯-卡尔检察官：庭长阁下，我认为，那些未经反对已被接受为证据的文件都声称它们是在战争结束时被烧毁的。

韦伯庭长：你说得对，柯明斯-卡尔先生。法庭认为反对有效，驳回文件。

阪埜辩护律师：接下来我提交辩方文件第1374号作为证据。

这份证明表明，制定于1937年7月16日，题为《华北事变解决方案》的文件已不存在。

韦伯庭长：柯明斯-卡尔先生。

柯明斯-卡尔检察官：我不反对这份证明。它给出了解释，说文件在战争结束时已被烧毁，庭长阁下。

韦伯庭长：照例许可。

法庭执行官：辩方文件第1374号被标为证据第2581号。

（辩方证据第2581号被接受。）

阪埜辩护律师：我将宣读证据第2581号。

（宣读）

  证明

  兹证明，经调查发现，1937年7月16日制定的题为《华北事变解决方案》之文件已在战争结束时被烧毁，其后便不再由此机构保管。

           于1947年4月25日作证于东京。

         美山要造（印章），第一复员局档案处处长。

韦伯庭长：法庭书记官看来没有拿到应分发给各位法官的副本。

阪埜辩护律师：副本已收集并交由法庭书记官分发。

韦伯庭长：请继续下一个文件。

阪埜辩护律师：接下来我提交辩方文件第 1386 号作为证据。这份证明证实一份发给事件发生地的日军部队，传达上述《华北事变解决方案》的电报已不存在。

韦伯庭长：柯明斯-卡尔先生。

柯明斯-卡尔检察官：庭长阁下，这份证明只说了文件不在第一复员局，并作进一步解释。因此我们反对。

韦伯庭长：我们还没有看到文件，不过，我们认为你说的是事实。反对有效，文件不予接受。

阪埜辩护律师：下面我提交辩方文件第 1385 号。这份证明证实发布于 1937 年 7 月 27 日，命令日军不得越过永定河的电报已不存在。

韦伯庭长：柯明斯-卡尔先生。

柯明斯-卡尔检察官：庭长阁下，我反对。理由是：一，这份证明意在提供文件的内容；二，它只解释了该文件不在复员局。

阪埜辩护律师：这份证明的意思是原始电报已被烧毁，其副本也已经不复存在。

韦伯庭长：我们无法允许你对证明再做出证明。反对有效，文件不予接受。

阪埜辩护律师：下面我提交辩方文件第 1384 号。这份证明证实 1937 年 7 月 7 日至同年 8 月下旬期间的与中国方面有关的情报已不存在。

韦伯庭长：柯明斯-卡尔先生。

柯明斯-卡尔检察官：反对原因同上，庭长阁下。它只说了该文件不在复员局。

韦伯庭长：反对有效，文件不予接受。

我从法庭执行官处得知，与法庭秩序相悖的是，他没有收到这些文件的举证顺序。大家都知道，他一定准备好了文件供分发，因此很想知道举证顺序。

阪埕辩护律师：举证顺序昨天就提交了。由于证人河边虎四郎昨天下午无法出庭，我便告知法庭执行官，他将于今天上午出庭。今天上午我又跟执行官说了一次。而且，今天上午我还看了法庭书记官面前的盒子，亲眼看见文件已按顺序摆放。关于此事，我确信我已经做了所有我能做的事。

韦伯庭长：法庭执行官说不是这样的。

柯明斯-卡尔检察官：庭长阁下，容我补充几句。举证顺序单更改得太过频繁，又只提前几小时通知，我们发现极难跟得上法庭的节奏。

韦伯庭长：我们明白，辩方律师之间的合作可能不像检方律师之间那般密切。尽管如此，我们还须敦促辩方律师尽力合作、节省时间。

阪埕辩护律师：请求法庭传唤证人河边虎四郎出庭作证。由我的同事威廉姆斯先生进行直接询问。

（河边虎四郎被作为辩方证人传唤，宣誓后通过日语译员作证如下。）

韦伯庭长：你之前的宣誓仍然具有效力。

威廉姆斯先生。

威廉姆斯辩护律师：请向证人出示辩方文件第 1381 号。

（一份文件被递给证人。）

直接询问（由威廉姆斯辩护律师询问河边虎四郎证人）

问：请看一下这份文件，并告诉法庭这是不是你的证词？

答：这是我的证词。

问：其中的内容是否真实准确？

答：真实准确。

威廉姆斯辩护律师：尊敬的法庭，辩方提交文件第1391号，证人河边虎四郎的证词，作为证据。

韦伯庭长：柯明斯-卡尔先生。

柯明斯-卡尔检察官：庭长阁下，这是原证词，即文件第971号修改之后的版本。原证词在之前的庭审中已被驳回，记录在第20768页。原因是它充斥着对未说明文件的引用。

韦伯庭长：你说的是庭审记录第2768页吗？

柯明斯-卡尔检察官：不，是第20768页。

韦伯庭长：好的。

柯明斯-卡尔检察官：庭长阁下，我们认为修改过的版本只是稍微好了一点。

语言监督官：稍微好了一点。

柯明斯-卡尔检察官：并没有改好很多。

韦伯庭长：你能指出不合规的段落吗？

柯明斯-卡尔检察官：好的，庭长阁下，我找出24个我能看出来的段落含有对其他文件的引用。

韦伯庭长：请大家理解，我们不是坚持一定要出示文件，而是坚持无法出示文件时，必须做出恰当或能令人信服的解释。

柯明斯-卡尔检察官：是的，庭长阁下。

韦伯庭长：本法庭目前面临风险，可能被外界报道为因没有文件支持而驳回证据。我们不做这种事。我们只要求对无法出示的文件做出解释。我们想知道文件发生了什么情况。

柯明斯-卡尔检察官：在这24个段落中，大部分被证词描述为文件。至于其他部分，我们认为证词的内容能明确说明它们就是文件。其中5份已经通过被法庭接受为证据的证明做出了解释，另外5份试图通过证明来解释，但那些证明遭到了法庭的拒绝。至于被法庭接受的那5份以及另外缺乏证明的2份，证人试图在修改过的证词中由其本人做出解释。

韦伯庭长：与其说是试图做出解释，不如说证人只是坐在那儿想象文件到底发生了什么情况。

柯明斯-卡尔检察官：他说，这些文件随后在不确定的时间、地点，以不确定的方式被烧毁了。

韦伯庭长：此法庭所求证的事情大部分都是历史上的重大事件，毫无疑问当时都作了书面记录。我们所要求的只是，能出示书面记录的就出示记录，不能出示书面记录的也可以不出示，但条件是我们知道其不能出示的原因。

柯明斯-卡尔检察官：庭长阁下，检方很期待要么看到文件，要么期待得到说明。只有根据这些说明，检方才可以在交叉询问的时候，找到询问证人证词真实性的方法。

阪埜辩护律师：庭长先生，从证词中可以明显地看出，这位证人本人与这些文件有关联，同时，他也知道这个事实，即这些文件已经被烧毁，已不再存在。法庭4月24日做出的决定是，证词中提及的文件必须作为证词的附件出示；如果无法获得这些文件，则证词中必须包含文件为何不能出示的原因。根据该决定，在修改后的证词中，证人已尽力明确任何与相关文件有关的事情。

韦伯庭长：那么，我想我们应该读一下这份证词，看看证人有没有就那些无法出示的文件给出令人信服的解释。很显然，他已经为说明那些文件做出了一些努力，卡尔先生的表述也体现了这一点。像一位法官认为的那样，检方可就这些缺失的文件对他进行交叉询问。这份文件照例许可，反对无效。

法庭执行官：辩方文件第1381号将被列为证据第2582号。

（辩方证据第2582号被接受。）

韦伯庭长：威廉姆斯先生。

威廉姆斯辩护律师：

河边虎四郎的宣誓证词。

(宣读)

我,河边虎四郎,在1937年(昭和十二年)3月至1938年2月底期间担任参谋本部(战争指导课)课长,负责中央统帅部与战术有关的事务。在此期间,我经历了七七事变的爆发。因而,我在此就七七事变爆发前夕至事变早期中央统帅部所采取的战术问题作出书面证明。七七事变爆发前夕中央统帅部对当时的世界局势进行的总体研究。为制订国防和战术的各种计划,中央统帅部自然需要对当时的世界局势做出调研。

1937年(昭和十二年)春,我就任参谋本部(战争指导课)课长时,中央统帅部下达了对当时世界局势的总体判断,概述如下:

1. 总体判断。

(1) 欧洲列强正显示出最终从第一次世界大战后国力衰弱疲惫的状态中复原的态势。特别是德国和意大利,其灵活的外交政策创造出各种机遇,可能催生世界的新格局。世界上的不同西方国家分化为两股极具影响力的对立派别。此种情形预示着终有一天两大派别将被卷入一场大规模的冲突之中。

(2) 苏联已通过实行工业五年计划逐步提升国力,同时明确其立场,即以国际利益问题为重心,而非其建国初期所积极鼓吹的意识形态和原则。另一方面,苏联东部国土的军事实力近期也得到了迅速提升,西伯利亚大铁路平行轨道修建完工,显著提升了该铁路的军事价值。

(3) 尽管西方列强的总体形势如此,但并没有哪个国家会愿意挑起一场大战,各国的政客也会竭力避免战争。因此,近期内不可能发生各国愿意拿国家的存亡来冒险的重大战事。

(4) 在中国,真正掌权的国民党政府已日益壮大,但为了重建其国家权力,该政府目前仍然不愿进行各类公然反抗外国势力的运动。国民党政府已逐渐认识到日本在"满洲国"问题上的真实意图,并表现出对日本的友好态度,试图与"满洲国"达成各种协定。然而,种族意识在知识分子、学生等人士之中变得愈发强烈,反日情绪逐渐在学生、士兵等人群中蔓延,如此一来,中国共产党的反日举措便有了发展的土壤。

2. 中央统帅部当时对国防的意见。

中央统帅部,基于上述有关国际局势的判断,对日本的国防地位给出如下意见:

(1) 西方列强间的国际矛盾早晚会爆发,日本无论是在道义上还是在利益关系上,都不必卷入这一漩涡之中。因此,日本应当远离战端。

(2) "满洲国"的稳定发展,以及日本、中国和"满洲国"三者之间的友好共存关系,是对我国国防的保障,同时也维系着东方世界的和平。只要日本人反省自身态度并谨慎行事,再加上日本国力日趋强盛,中国的反日情绪或对日本的轻视就会自然消失。上述三国之间就会因此拥有真正的友谊及相互尊重,这样,任何一国都能确保本国国防安全。

(3) 当我们从国防角度来审视日本国力的实际情况时,我们承认,日本作为一个现代国家,就自卫和自立必需的各种物资因素而言,国力是极其贫弱的。只要现状继续维持下去,就不能保证上述第一点和第二点目标能够达成。

基于这种国防观点,在1937年3月我就任时约半年前,中央统帅部就确立了以下原则。当我就职时,我的上级军官,也就是第一部长,向我全面地解释了此原则的主旨。主要内容如下:

世界新局势开始显现出微妙的动向,此时为了在国防方面确保国家的和平和安全,军队应当大力提高质量和效率。驻外国领土的军队凡事应万分谨慎、克制,尽力避免犯下任何可能引起国际争端的错误。中央统帅部应与军政当局一起,直接或间接地帮助这些军队执行各类国家政策,以提升我们的国力。

这就是当时中央统帅部全体人员共同遵守的原则和信条。

3. 让军队充分理解中央统帅部原则与政策所采取的措施。

1937年(昭和十二年)5月召开的师团级及军级司令官会议上,中央统帅部当局下达并解释了上述原则和政策。此外,经与陆军省协商,中央统帅部派遣陆军省能力出众的冈本中佐于1937年6月前后赴华北,对与中国军队直接接触的驻华日军部队的实际情况开展调查,这些中国军队似乎反日情绪特别高昂;同时向这些日军部队充分解释中央统帅部的原则与政策。

根据冈本中佐深入调查华北日军情况后返回日本所作的报告,驻华日军司令部及其手下每支部队均已充分理解了中央统帅部的原则与政策。就驻华日军这方面来说,我们不必再担心此事。

4. 七七事变前的在华行动计划。

日本与中国有着特殊的关系,经常不得不临时派遣小规模部队前往中国。

因此,在1937年(昭和十二年)的在华战术方案中,有部分内容是与派遣部分军队以确保我国利益、保护我国侨民的要求相一致的。不过,日本从没打算在中国动用大规模军力,更不用说制订总行动计划来对付整个中国的广阔领土了。

当时只制订了一个计划,就是关于派遣部队的预估数量、负责派出部队的国内部队名称、派遣部队的输送方式、登陆地点等等,以便在需要时派遣部队前去保护我国在各地的利益及侨民,这些地区与我国有着密切联系,包括京津地区、青岛、上海、汕头、厦门等。

作为参谋本部战术计划文件的一部分,这份计划的确曾存在过。我身为（指导课）课长，现在还记得该计划的纲要，不过，后来这份计划被烧毁了，目前已不存在。

5. 中国驻屯军的职责及其特点。

中国驻屯军的职责，与1900年（明治三十三年）拳民暴乱（即义和团运动）后所签订的《辛丑条约》中外国列强军队的职责一样，即守卫使馆地区，确保北平到海港之间通信线路的安全并保护本国侨民。1937年，中国驻屯军的总数约为七千人。在所有驻外的日军部队中，此驻屯军有着下述特点：

（1）它是一支纯粹的卫戍部队，不会获得军事供给，也很少被提供用于军事行动的弹药和装备。

（2）为了避免引发战争，中国驻屯军无权自行制订军事行动计划。

（3）尽管该部队是驻扎在中国领土上的卫戍部队，但中央统帅部对其的特别命令是禁止从事针对中国军队的训练。

6. 七七事变爆发时，中央统帅部的态度。

接下来我要讲述的是各种关于中国军队状况的情报，主要根据来自中国驻屯军司令部的电话和电报以及来自日本驻华武官的电报。这些记录、电报收条以及电报原件当时都保存在参谋本部，但后来都被烧毁，现在不存在了。我现在讲述的只是我仍然记得的一些重要的事情。

第一份报告是关于1937年（昭和十二年）7月7日晚爆发的七七事变，由中央统帅部于7月8日上午收到。我一进办公室就接到了通知。总的来说，中央统帅部显得比较平静。虽然我认为这是由中国人挑起的不愉快事端，但并没有把此事看得很严重，因为过去时常发生类似摩擦，我认为此事件将跟以往一样很快由中日军方当局共同磋商解决。

在中央统帅部内部，我们这些相关责任人员并没有专门召开任何会议商讨对策，只是如处理日常事务所习惯的那样保持着彼此间的联系。所有相关人员都一致认为，按照之前提到的中央统帅部的原则与政策，应当防止事件扩大，并让事发当地的（军方）当局尽快解决该事端。

然而，当地部队 8 日发来的报告表明，中方未必愿意让步并立即解决紧张局势。因此，当天 18:30，参谋长首先发出一份电报，命令为了防止事态扩大，你们应当表示出更多诚意，以避免使用武力。驻屯军司令官应务必谨慎行事。

这份电报曾保存在参谋本部，但后来被烧毁，现在已经不存在了。然而，由于我本人与该电报有关联，不仅参与了该电报的拟定，还在获得上级司令官对电文的认可之后将电报发出；由于我的指示是谨记其要义，因此该电报内容至今还清楚地留在我的记忆里。

在接下来的 9 日，为便于事发地的日中双方部队磋商解决事端，中央统帅部发布指示，由参谋本部参谋副长用电报发给中国驻屯军司令官，即为解决七七事变，应在当前的任何政治问题上予以克制，并在总体上提出以下要求供河北—察哈尔当局同意并在最短时间内并执行。

（1）卢沟桥附近永定河左岸不驻扎中国军队。

（2）保证今后必要的安全。

（3）惩处与该事件直接相关的人员。

（4）道歉。

与 7 月 8 日那封电报一样，上述电报也曾保存在参谋本部，但后来被烧毁，现在不存在了。同样的，我当时也参与了电报的拟定，并在获得上级司令官对电文的认可之后将电报发出。这份电报意义重大，我清楚地记得其内容。

7. 中央统帅部为应对前段所述局势变化所做的安排。

事发地我军提交了一份关于中国军队时有挑衅举动的报告,接到通知之后,一直到7月10日上午,中央统帅部才认为有必要增援中国驻屯军,并在10日当晚非正式地决定调派关东军2个旅团、朝鲜的1个师团、日本本土的3个师团和其余部队前去增援。准备工作一直持续到11日。但是,11日晚间,中国驻屯军报告,自昨日开始的谈判中,中国部队已经同意了我方所有要求。

中央统帅部立即决定中止日本本土3个师团的调派计划。然而,我国驻南京大使馆随员发来的报告却称,中国中央指挥部下令召集空军并在河南省北部省际边界地区集结四个师的兵力。中央统帅部无法再对华北的局势持乐观态度,也对华北的中国军队根据条件履行承诺一事失去了信心。

因此,日方决定在确认条件得到执行之前,只让上述朝鲜和满洲的备征部队按原部署采取行动。该命令的下达时间约是——副本上时间写得不太清楚——11日晚间。

关于此命令的发布,我同样也参与了拟定工作,还在获得上级司令官的批准之后,将命令作为天皇敕令发布。这也是一件很重要的事,因此我记得非常清楚。不过,与这道命令有关的文件后来也被大火烧毁了。

韦伯庭长: 现在正好休庭。我们休庭至13:30。

(12:00休庭。)

(13:30重新开庭。)

法庭执行官: 远东国际军事法庭现在继续开庭。

韦伯庭长: 威廉姆斯先生。

威廉姆斯辩护律师: 尊敬的法庭,请允许我继续宣读证人河边的证词,从第6页顶部开始。

（继续宣读）

（A）自那时起至 7 月 13 日晚间，中央统帅部在关注局势进展的同时，也从不同地区发来的报告中得知了各种情况。报告内容大致如下：

（1）华北地区的中国军队不仅在进行诸如修筑工事、调遣部队等战事准备，而且还在今天向我军行经北平南郊的部队开火。

（2）中国中央指挥部命令长江以北各省军队向陇海铁路和平汉铁路沿线调动并集结。

（B）面对上述局势，中央统帅部确定了以下方针，以应对这些与 13 日 20:00 发生的事件有关的问题：

（1）我军将严格坚持不扩大事态的方针，或在当地解决问题，并尽力避免引发全面战事的举动。因此，我军同意在 10 日 20:00 与中国军队第二十九军代表签订的和解条件。我军将关注和解条件的执行情况。目前来说，日本本土部队的动员将视局势变化而定。

（2）然而，如果中国军队无视第 1 条中提到的和解条件，对和解条件的执行缺乏诚意；又或南京政府无端调遣中央军北上试图对我军发动攻击，我军将采取断然措施。不过，在此种情况下，中国驻屯军需先行获得中央统帅部的批准方可采取行动。

上述对事件相关问题的应对方针通过电报传达给了中国驻屯军。

我本人参与了上述题为《华北事变处理方针》的文件的拟定，撰写了当时发给中国驻屯军的电报，并在获得上级军官批准之后处理了该事务。此后，这些文件由参谋本部保管，但后来被烧毁，现在已经不存在了。由于这些文件事关重大，我现在还清楚地记得文中内容。

(C) 因此，在对局势变化的进一步观察中，至 7 月 16 日晚，中央统帅部从各地发来的报告中了解到以下事实：

(1) 自事件发生之日起，华北地区的中国军队一直在积极备战，其士兵还于 14 日和 16 日当天向日本士兵开火。

(2) 中国中央最高指挥部于 14 日命令驻广东的空军部队全部出动。

(3) 7 月 15 日，集结在陇海铁路沿线以北以及山西省边界以东地区的中国兵力预计近 30 个师，其中包括和平时期的部队。

(4) 中国中央军的部分军队进入河北省。

在这种情况下，考虑到我们可能因中方当局的故意拖延策略而面临不利形势，从而失去动员和派遣部队的时机，我们的中央统帅部拟定了如下和解措施，并下达给中国驻屯军。

驻屯军应当让宋哲元在 7 月 10 日签署的和解条件上再次签字，每项条款应当让他一一过目（道歉一事应由宋哲元本人完成，对相关责任人的惩处应追究至第三十七师师长，并明确哪些部队应当撤离）。这些和解条款必须在 7 月 19 日之前执行完毕。如果中国当局不愿意按我们的要求办，中国驻屯军可严惩第二十九军。由于日本政府意在坚持限制华北事变的影响至最后一刻，并希望事件在当地得到和解，于是要求南京政府将中央军撤回原地，停止对日挑衅行为，不干涉事件在当地的和解。

我个人参与了上述题为《华北事变解决方案》的文件的拟定，撰写了当时发送给中国驻屯军的电报，并在获得上级军官的批准后处理了该事务。此后，这些文件由参谋本部保管，但后来被烧毁，现在已经不存在了。由于这些文件事关重大，我现在还清楚地记得文件要点。

根据这样确定的和解措施，中国驻屯军自 7 月 17 日起开始与华北地区中国第二十九军展开谈判，我方外交官员也在南京与中国中央政府展开谈判,同时,日本中央统帅部再次启动7月11日暂停的日本本土军队动员的准备工作。

(5)7月18日,中央统帅部接到中国驻屯军的报告,称中国的宋哲元将军赴天津会见了中国驻屯军司令官香月中将,并表达了他的歉意。然而,从第二天即7月19日外务办发来的情报来看,南京政府的回应并无诚意。有鉴于此,中央统帅部认为严惩中国第二十九军一事已经在所难免。因为尽管华北地区的宋哲元将军表示了歉意,但从中国中央政府事发后10多天内的行事方式来判断,不但中国能否履行其他和解条件一事很令人怀疑,连中国中央政府的上述态度也并未发生改变。因此,我们只好再次推进调遣日本本土师团的准备工作。然而,7月21日,我们从中国驻屯军发来的报告中得知,中国当局已经惩处了相关责任人,并开始转移其部队。于是我们再次决定暂缓部队的动员。

(6)当中央统帅部期盼着事发当地的局势能有所好转时,我们于7月25日接到了廊坊事件的报告,又在7月26日接到了北平广安门事件的报告。7月27日,中国驻屯军司令官向我们报告说,他已经用尽了一切能够和平解决事端的方法,遂决定于28日当天或之后开始动用武力惩戒中国第29军,并同时请求中央统帅部批准其行动。因此,中央统帅部批准了他的计划,但规定日军行动不得越过永定河。

关于这个命令,由于中央统帅部当时很谨慎地对事发当地的日军行动做出了限制,所以我至今还记得很清楚。然而,与此事有关的文件,尽管之前曾保存在参谋本部,但后来被烧毁,现在已经不存在了。

(7)如上所述,由于7月7日晚之后的20天时间里局势发生了诸多变化,中央统帅部于7月27日采取措施,下令动员第五师团、第六师团、第十师团以及必要的部队。为了应对当前局势,中央统帅部还于7月27日起草了首份日军对华行动计划纲要，大意如下：

为维护平津地区的稳定和安全，日本将调遣约4个师团兵力，其行动地区大致限制为保定浊流镇以北。为应对不可避免的情形发生时，有必要对青岛和上海的日本侨民加以保护，两座城市均留驻1个师团的兵力。

当时我参与了上述题为《对华作战计划大纲》的拟定。文件获得上级批准后由参谋本部保管，但后来被烧毁，现在已经不存在了。不过我现在还清楚地记得纲要的内容。

中央统帅部在汇总了所有报告后，估计出至7月底中国在陇海铁路以北（除山西省以外）的兵力达近34万。而所有从日本本土派往华北地区的日军部队预计于8月底到达前线，总计不足10万人。

8. 七七事变爆发后前8个月日军的军事行动进展。

经过之前几点所提到的种种局势变化后，日军和中国军队最终在平津地区开始交火。从那以后，事态以无法预料的方式扩大并变得更为严峻。至1938年（昭和十三年）2月底，也就是我从参谋本部离职之时，日中双方的敌对状态开始蔓延到整个华北地区，以及上海和南京附近。

我没有提过为何双方的敌对状态能蔓延到这些地区，以及中央统帅部对上述时间段中事态的发展采取了何种措施。但从日军在前8个月的军事进展来看，我可以肯定地说，日军并没有从战略上系统完整地实施其战术计划。

8月9日，一位日本海军军官在上海被枪杀，导致当地日军和中国军队开战。由于日军作战十分艰苦，我国租借地几乎陷于危境。为了及时解救他们，日本本土的两个师团计划于同月13日启程增援。次日，中国中央最高指挥部下令动员全国所有其他军队，开始全面备战。而另一方面,日本中央统帅部却还未曾考虑过全面开战一事。随着华北地区的中国中央军实力不断增强,我们的军力开始显得不足。日军终于在8月31日做出增派3个师团的决定。

如上所述,日本中央统帅部只派出了为应对各地面临的危险情况所需要的最少数量的部队。不仅兵力如此,为可能爆发的大战而应该准备的军需物资也是如此。军需物资的缺乏使得中央统帅部不能自由调遣部队,也使我军的前线指挥官陷入了巨大的困境。举例来说,从1937年(昭和十二年)9月中旬起,松井将军手下位于上海附近的部队在战斗中不得不限制每天每支枪械只能使用几发子弹。

担心万一情况与我们的单方面原则相悖,战争可能会扩大到难以预料的程度,我在8月初曾向陆军省提议,应当开始预备近15个师团战斗近半年所需的军需物资。但陆军省的领导,尤其是陆军省陆军次官梅津美治郎中将严守不扩大事态的原则,认为以上数字过大,并将军需物资动员令的发布视为朝着举国战争又前进了一步,没有立即批准我的提议。

因此由中央统帅部于1937年(昭和十二年)7月29日制定的上述对华作战计划很快受挫,遭到中国军队的大规模顽强抵抗。有那么一段时间,我们采取临时措施来对每个战斗阶段的士兵进行增援,并取得了一些确保前线的战术上的胜利。事实很清楚,每当某个战场上的单个军事行动结束时,中央统帅部总希望全面停止敌对状态,并且在秘密筹备这样的计划。天津地区军事行动结束时是如此,华北军事行动时扫平保定的中国军队后也是这样,还有南京军事行动结束时的情况也是这样。在南京军事行动前后,德国驻华大使调停战事时,情况更是如此。我们与政府密切合作,可惜的是仍然没能达成我们的目标。

9. 中央统帅部对事件处理基本政策的意见。

如以上几条所述,中央统帅部希望将事件限制在局部范围内,并在当地立即得到解决,同时开展研究如何全面停止武力对抗,以及在每次军事行动接近尾声时试图让该事件得到最终解决。中央统帅部对事件处理基本政策的意见同政府在事件发生以来的意见十分一致。特别是有几项原则被称为近卫三原则,该原则注重道德,这与中央统帅部在意见公布之前传递给政府的看法完全一致。

10. 中央统帅部对于国际条约和国际法的看法。

七七事变的动机仅仅是因为日本想要在当地实施自卫权。在中日两军司令官在事件发生地、以及两国当局在南京展开谈判长达20天之后,我们意识到中国没有诚意和平地解决争端,最后只好动用武力。如上所述,在事件处理的基本政策上以及实际军事行动中,我们均无意侵犯中国的主权、领土及行政安全。因此,我们确信,我们的行动没有触犯或危及现行的国际条约,我们的看法同我国政府经常在必要的国际场合中所宣称的是一致的。中央统帅部经常要求前线高级军官注意尊重第三国利益,不要侵犯第三国居民的安全。我不记得下达此类通知的具体年份和日期,不过,我能回想起来的是,此类通知有时是通过电报发送的,有时则经由中央统帅部派到前线的联络人员传达。如遇侵害第三国及其居民权益事件的发生,中央统帅部总是随时对损失展开公正调查,并给予必要的赔偿。根据上述意见,此类事件的调查工作主要由参谋本部第二部负责与陆军省合作完成。

在我任课长期间,发生的最严重的此类事故就是炮击瓢虫号。据我当时的调查,下令炮击该军舰的是司令官柳川中将,而中级指挥官桥本欣五郎大佐不对此事负责。我记得我曾在召集所有相关军官解决问题的会议上强烈坚持过这一观点。我还记得我们很快和英国就事故本身达成了调解。

11. 中央统帅部对宣战一事的意见。

局势渐渐向不可预见的方向发展，战事的严峻也变得难以预料，于是中央统帅部开始讨论日本是否该向中国宣战的问题。

据我所知，我离职时，中央统帅部对事件的性质理解如下：

（1）事件是因日方为解决当地问题而采取的自卫行动而起。

从那以后，日本不得不违背初衷在每个战区增加兵力以作权宜之计。日本无意向中国发动战争。只要中国方面停止攻击性的军事行动，日军也将立即停止进攻。

（2）日本并未将整个中国，也就是全体中国人视为敌人。

（3）日本从根本上没有针对中国的政治策略方面的企图。日本想要的只不过是立即停止军事对抗，也即两国间的情感碰撞，实现善邻友好，互相尊重主权和领土完整，经济提携，所有这些都是由两国自然环境和基本条件所决定的。

（4）总结以上四点，向中国宣战不仅是对日本真实意图的扭曲，也是有悖于道德的。

（5）只要两国未经宣战而处于大范围的战争状态，日本就不能依据国际战争法自由地行使权利，这会导致我方陷入不便和不利的形势之中。

然而，日本即便受到实际利益的影响，也不能忽视事件的实质并丢弃基本的道义准则。

（6）如果向中国宣战，日本就能为中国方面的伤亡和其他损失作证。但假如日本真的宣战，将会在形式上遵守原则，却歪曲了事件的实质，终究会加剧暴力。

这是与日本的意图相违背的。

从以上几点来看，中央统帅部的意见是日本不应该对华宣战。

签名：河边虎四郎

检方可以进行交叉询问。

韦伯庭长：柯明斯-卡尔先生。

柯明斯-卡尔检察官：尊敬的法庭，这位证人已就满洲事件接受过询问及交叉询问，分别在庭审记录第19393页和19425页。他的进一步证词也已经宣读过，在庭审记录第19页，——我只是想确认一下。总的来说，证词的大部分已经宣读过，从庭审记录第20745页开始。那时他没有接受过交叉询问，但在庭审记录第20770页提供了某些参考内容。那份证词讲述了他从1934年到1936年期间担任关东军参谋时所进行的活动。

庭长阁下，关于目前这份证词中提及的文件，与被接受为证据的几份证明有关的段落只有第5页顶部的一段以及中间的一段，第6页中间的一段，第7页顶部的一段，以及第8页顶部的一段。

交叉询问（由柯明斯-卡尔检察官询问河边虎四郎证人）

问：河边将军，在证词的某些段落中，你试图解释部分文件缺失的原因，除我已经提到过的之外还有另外4份。你说它们后来都被烧毁了，是何时烧毁的？

答：有些大约是在战争结束时烧毁的，但我相信有些是在战争结束前就烧毁了。

问：你记得两次烧毁的分别是哪些文件吗？

答：尽管我不太确定，但与战略计划有关的文件——行动计划是在战争结束时烧毁的。其他的报告、情报以及发出的电报原稿烧毁于——鉴于这些文件的性质，为遵守当时的惯例，采取的是即时烧毁的方式。

问：你所说的即时烧毁是指收到报告后立即烧毁吗？

答：不是那样的。是按时间顺序处理完毕后立即销毁。

问：你说的它们被处理完毕是指什么时候？

答：我没法告知具体每个文件是在哪个月哪一天被销毁的。不仅是因为我记不清楚了，也是因为我并不关心销毁文件一事，这是文书的职责。

问：第一复员局证明说在战争结束时已被销毁的5份文件里有3份是电报，你知道吗？

答：我知道。

问：那么，你怎么说所有的电报早前都已经被销毁了？

答：我之前回答时提到的电报是指情报内容重要性相对较轻的电报——不那么重要的电报。

问：除了这9份文件，你为什么没有试图对你在证词中提到的其他众多文件做出说明？

答：上一次我的证词——我的第一份证词被驳回，在咨询过辩方律师之后，我起草了第二份证词，并听取辩方律师的意见，在证词中添加了一些说明。我遵照辩方律师的意见，凡是辩方律师认为适当的说明我都添加了进去。

问：那么，你的意思是，辩方律师认为你没有必要对其余文件做出说明？

答：是这样的，我相信没有必要。

问：现在你还认为所有文件都在战争结束时被销毁了吗？

答：如我之前所说，我不能确切地说，所有这些文件都在战争结束时被销毁了。其中一些文件在战争结束之前就按照政策处理了，至于政策我之前已经回答过。

问：战争结束时文件被销毁的时候，你在东京吗？

答：是的，当时我在东京。

问：8月18日你作为代表赴马尼拉会见（盟军）最高统帅，不是吗？

答：是的。

问：在你启程之前，文件已经被销毁了吗？

答：不是所有文件，不过，到那时已经有很多文件被销毁了。

问：文件销毁期间你在参谋本部吗？

答：期间我没有一直在那里，但有部分时间是在参谋本部的。我的确知道那些文件正在被销毁——我当时的确知道。

问：命令只要求销毁那些落入盟军手里会对（日本）不利的文件，你知道吗？

答：我不知道有这样的命令。我自己没有下达也没有传达过这样的命令——我也没有接到过这类要求传达给下级的命令。

问：如果文件内容如你所宣称的那样，它们对日本以及被告均有利，不是吗？

答：我认同这一点。

问：那么将其销毁的目的何在？

答：这些文件被销毁时，主要目的是为了销毁所有军事文件。我们当时也不知道未来会不会——是否会组织这样一个军事法庭。

问：事实上，你应该很知道这一点吧？难道日本政府没有想尽办法规定此军事审判不应进行，只是没有成功吗？

答：就我本人以及所有我认识的同事来说，我们从来都没有想过这一点。

问：我换种方式来提问。这么说吧，日本政府曾讨论过是否应尽力规定此军事审判不应进行，你不知道此事吗？

答：我的确听说过有这样的讨论。

问：从1937年3月到1938年2月期间，你担任了参谋本部的一位课长，你提到你的上级军官是第一部长。他是谁？他叫什么名字？

答：石原莞尔少将。我纠正一下，从1937年3月到1937年9月，我的上级军官是石原莞尔少将。自1937年9月起，我的上级军官是下村定少将。

问：语言部，我没听清那个名字。

语言监督官：下村定。

问：下村是姓，对吗？

语言监督官：是的，下村。

问：那么他的上级军官是参谋副长，不是吗？

答：是的。

问：参谋副长是多田将军吗？

答：七七事变爆发时，参谋副长是今井中将。

问：多田将军是什么时候接替他的？

答：我不记得确切日期。今井中将得了重病，在事变爆发后不久就辞职了。我相信多田将军是在事发后一个月内接替他的。

问：你说你在参谋本部所担任的职位很重要，足以让你知道这一时期与参谋本部、陆军省和内阁之间关系有关的所有的事？

答：我不能说我的职位重要到了能让我知道所有事情的地步。但视情况而定，我所在的职位能让我知道眼下正在进行的事情的详情。

问：你在证词第9页中说，参谋本部与政府有着密切的合作，还在另一页说双方行动极其一致。你是如何知道的？

答：关于这个问题，我有机会能直接从参谋副长或师团长那里得知消息。而且，下村少将经常因病缺岗，我便代其行使职责，因此得以有机会直接从参谋副长多田将军那儿得知情况，这是只有上级军官才有的权力。

问：稍后我会向你出示证据，关于这段时间内参谋本部、陆军省和某些内阁文官之间发生过多次激烈的争吵。你能说这不是事实吗？

答：抱歉，能重复一下问题吗？

（法庭书记官用日语重复了一遍该问题。）

答：（继续）我不记得有过任何十分激烈的冲突。

问：那些不十分激烈的冲突是关于什么事的？

答：比如说，七七事变爆发后不久内阁中的情况，当时内阁成员在讨论一份将由内阁就此事件发表的声明——将由政府发表。据我所知，这些问题都得到了很顺利的解决。我想重申一下——在这一点上，我想说，我只在参谋本部任职到 1938 年 2 月，因此并不知道此后发生的事情。

问：在证词第 2 页中间的第 2(3) 段中，你说中央统帅部的部分看法是作为一个现代国家，就确保其自卫和自立所必要的各种物资因素而言，日本实力是极其贫弱的。只要现状继续维持下去，就不能保证上述第一点和第二点目标能够达成。那么中央统帅部想去哪里寻找所缺乏的额外物资呢？

答：中央统帅部希望在日本本土、朝鲜、满洲三者组建的一个集团中建立一个能自给自足的区域。

问：没有其他地方了吗？

答：当时没有考虑过其他地方。

问：那么，在同一段下面几句，也就是第 2 页的底部，你说中央统帅部应与军政当局一起，直接或间接地帮助这些军队执行各类国家政策，以提升我们的国力。你知道 1936 年 8 月 11 日政府为达到此目的所制定的国家政策是什么吗？

答：我不记得当时政府定下的细部计划了。

柯明斯-卡尔检察官：尊敬的法庭，我将引用证据第 217 号。

问：那天，作为对华北行政策略的一部分，他们决定促成华北地区的彻底独立，以达成众多目标，其中包括为我国国防获取必要的物资。这件事你知道吗？

语言监督官：卡尔先生，你引用的是哪一页的内容？

答：第 1 页第 1 段。

语言监督官：谢谢。

问：很抱歉我得再次提问。请告诉我，这个决定是在哪一天做出的。

答：1936 年 8 月 11 日。当时我不在。我不知道这类计划。虽然我当时人在东京，却不在参谋本部工作。

问：但是，难道这项政策声明不是在 1937 年 3 月，即你入职的时间，被作为生效政策交由参谋本部归档的吗？

答：我不记得参谋本部是否曾有过这样一份文件。我本人从来没有见过。

问：那么，既然你没有见过这份国家政策的官方声明，你是如何知道中央统帅部在帮助政府实行提升国力的国家政策的？

答：我就职时，我的上级石原少将给我讲了中央统帅部的政策内容，我是从他那儿得知此事的。

语言监督官：正如你在我的证词中所看的那样。

问：上述政策声明里包含在华北地区开采铁矿、煤矿和盐的细目计划，目的是为了日本国防。石原告诉过你吗？

答：没有。

阪埄辩护律师：由于这个问题超出了询问范围，我本打算提出反对意见。不过既然证人已经作出回答，我就没什么要说的了。

韦伯庭长：这不能作为不反对的理由。证人承认知道该政策，因此他现在正就政策的某些阶段接受律师的询问。

问：在庭审记录第 2728 页，（我方）出示了证据第 217 号。请向证人出示证据第 259 号的原件。

（一份材料交给了证人。）

问：在证词第 5(2) 段，即英语文本第 4 页的顶部，你说，关于华北驻屯军，为了避免引发战争，它无权自行制订军事行动计划。你不知道他们事实上已经这么做了吗？

答：事实上，我相信，即使没有收到参谋本部的命令，中国驻屯军也会拟定某些秘密计划。

问：现在，请看一下证据第 259 号。

语言监督官： 秘密计划应改为非正式或非官方（计划）。

问：（继续）请看一下这个计划，也就是证据第 259 号。1935 年 12 月 2 日，该计划被递交给陆军省陆军次官古庄，落款为华北驻屯军司令官多田骏，你看见了吗？你注意到没有？

答： 看到了。

问： 这和后来担任参谋副长的多田是同一个人，还是两个不同的人？

答： 是同一个人。

问： 同一个人。那么，你注意到该计划的副本被递交给了包括关东军参谋长在内的许多人员吗？你在第二份证词中告诉我们，1935 年 12 月，你在关东军任参谋，并声称要告诉我们该参谋部所有的活动。难道你当时没有见过这份文件吗？

答： 我不记得我见过这份文件。

问： 那么，现在请看一下这份文件的第 1 段，重温一下记忆，"军队希望通过这种方式来处理华北地区的铁路，即将其纳入我军掌控之中，以便通过对其的直接利用达成我方的军事目的。再看一下第 2 段第 1 项，我们必须让包括管理人员在内的各条铁路线的职员理解华北自治运动的精神以及日军的态度；我们必须尽力安抚这些职员，暗示他们不要紧张，应当协助日军，哪怕后者采取了军事行动（军事行动已经正在实施）。"

韦伯庭长： 阪埜先生。

阪埜辩护律师： 证人已经作证说他记不清此事了。我还反对检方试图再次出示同一份证据的这种方式。另外，我认为这是在浪费时间，因为这会使得证人作出重复回答。因此，我反对这种出示证据的方法，以及这种提问形式。

韦伯庭长： 所有的反对均显得苍白无力。我想你指的是检方证据的再次出示，而非辩方证据。如果证人记不清楚某事，是可以通过梳理记忆想起来的。而且,这个问题并没有超出证词的范围。反对无效。

（由柯明斯-卡尔检察官继续询问河边虎四郎证人。）

问：现在请看一下第2段第2项最后一句话,"如果要采取此类强制措施,我们应当以对北宁铁路沿线实施自卫和保护的名义,以免受到南京政府反日军事行动的破坏（日本派出宪兵一事意味着针对北宁铁路的计划已经得到执行）。"

再次见到这份文件,能让你回忆起来以前见过它吗？

答：我回忆不起来。

问：以自卫的名义采取强制措施是日本的惯用伎俩吗？

答：这不是惯用手法。

问：最后一次引用此文件。

韦伯庭长：休庭后再引用吧。我们休庭15分钟。

（14：45 休庭。）

（15：00 重新开庭。）

法庭执行官：远东国际军事法庭现在继续开庭。

韦伯庭长：柯明斯-卡尔先生。

交叉询问（由柯明斯-卡尔检察官继续询问河边虎四郎证人）

问：河边将军,你有没有注意到第3段针对华北地区6条铁路线作出了详细考量,其中几条将通过武力占领,例如平汉铁路,而其他铁路线,只需监管和指导部分铁路员工就足够了。再看第7段,一旦日军认为武力解决问题在所难免时,将立即完成之前条款中所提到的组建工作,并迅速按照以下程序整合华北各铁路线。那么,这就是自1937年7月七七事变爆发后日军所做的事,难道不是吗？

答：七七事变爆发后,事情并没有完全按照这个计划实施。无论如何,我从没听说过这个计划。但浏览之后我觉得,如果真有这样的计划,那么也没有按照计划的条目来实施。

问：这份计划送达了关东军的参谋部，1935年时你在那儿任参谋。不仅如此，1937年你赴东京参谋本部任职时，之前以参谋副长身份拟定该计划的人也在那儿，不是吗？

如你在证词中所陈述的那样，华北驻屯军司令官无权制订计划，这一点你跟他说过吗？

答：我在证词中陈述的内容是：中央统帅部没有命令——没有下令让驻华日军制订任何计划——自行制订计划；不过，如我之前所说，驻华日军一定——很可能确实自行制订了计划，且是非正式的计划，作为应急行动方案。我相信此计划就是其中之一。我之所以认为这是个非正式计划，原因之一在于从其表面看来，显然此计划没有向参谋本部做过汇报。

问：只向陆军省陆军次官做过汇报？

答：就最高军事当局来说，我相信该文件只汇报给了陆军省陆军次官。至少这就是我能够从这份文件里得到的信息。

问：在证词第6段第3项的结尾，你说当你收到七七事变爆发的报告时，并没有觉得此事严重，因为过去时常发生类似摩擦，因此我认为此事件将跟以往一样很快由中日军方当局共同磋商解决。之前所有事件的解决方式都是日军发出最后通牒，威胁说将在某一时间发起进攻，然后中方让步，对吗？

答：不，不是这样的。例如，七七事变的前一年发生了所谓的丰台事件。该事件就是通过中日两军友好协商解决的。

问：但是，难道谈判不是都以日方提出要求，并以不达到要求就发动进攻为威胁的方式进行的吗？

答：你指的是之前的事件吗？

问：是的。

答：我相信不是这样的。

问：难道这不是你们这次想要采取的方式吗？

答：现在你指的是七七事变吗？

问：是的。

答：不，不是这样的。比如说，7月9日夜间，参谋副长给事发地日军下达指示，大意是当地日军应力求同中方就事件达成友好和解，最高军事当局的行事目的也是和解，事件也是遵照这样的指示来解决的。我能陈述其他的事吗？

问：与问题有关的就可以。

答：我对当时发生的事记得很清楚。7月9日下达的指示对于谈判条件限定得极为模糊，谈判事宜交由中国派遣军全权处理，以便事件能在当地得到友好和解。

语言监督官：是当地日军，不是中国派遣军。

问：你在证词第5页列出了即将实施的谈判条款。难道这些条款不是建立在"错在中方，正义的是日方"的假设上吗？

答：是的。

问：除了收到当地日军发来的报告以外，你对哪一方是正义的作过调查吗？

答：没有。

问：但假如中方是正义的一方，那么这些条款只能通过武力威胁来得到实施，不是吗？

答：如果中方是正义的一方，我不明白为何中方接受了这些条件。

问：如果不是你们威胁发起战争，他们是不会接受的吧？

阪埂辩护律师：我反对，因为这个问题具有争议性，而且问的是证人的看法。这一点最易引起异议。

韦伯庭长：反对有效，理由是这个问题具有争议性。

问：现在，我想回到这个问题上，参谋本部、陆军省和内阁是否曾就七七事变所采取的方针路线达成过一致。首先，请看一下证据第672号。

请给证人原件。

你看到这是一份标注绝密和紧急字样的电报了吗？

答：看到了。

问：文件来自关东军参谋长？

答：是的。

问：也就是当时的被告东条英机，不是吗？那就是1937年6月9日，七七事变爆发前一个月。

答：我相信他就是东条将军。

问：好的。这份电报是发给陆军省陆军次官，也就是被告梅津美治郎，不是吗？

答：是的。

问：以及参谋副长，也就是你告诉我的当时的今井将军？

答：是的。

问：这份电报送达参谋本部时，我想你看过的，不是吗？

答：能让我浏览一下吗？

问：很短。

答：我不记得看过这份电报。

问：但我想你曾告诉过我，你的上级十分信任你，因此你知道所有的重要事件？

答：这个要看具体情况。

问：这是1937年6月9日的电报，我只宣读第一段。

（宣读）

从对苏联备战的角度来判断目前华北的局势，我相信如果我们的军力允许的话，应当首先打击南京政府，从而除掉我们的后方威胁。

参谋本部同意这个观点吗?

答:不,不同意。

问:陆军省同意吗,你知不知道?

答:我不知道。此外,我想对我之前的回答做一点补充。关于我有没有看过这份电报的问题,我不能确定我见过,但我也不能肯定地说没见过。换句话说,在这件事上,我的记忆完全是模糊的。

问:自1932年起,你便总是认为将来苏日战争是难以避免的,不是吗?

答:是的。

问:1937年12月,参谋本部持有这样的观点,即从对苏作战的角度来看,在中国继续进行漫长的军事行动是件危险的事,是这样吗?

答:参谋本部的观点是,不管从可能与苏联开战的角度来看,还是从日本整体国防来看,中日大规模战争都是件非常危险的事。

问:你是否记得,或是你当时是否知道1937年7月23日,陆军省、海军省以及外务省的各位大臣曾会过面?

答:我不知道。我不记得有过这样的会面。

问:他们非但没有像你在证词中声称的那样达成决议,在当地解决事件,反而决定日本应当要求南京政府承认"满洲国",并同意中日达成军事同盟?

答:我不知道,也不记得。

问:并且他们还在会上同意,在提出谈判条件期间,暂停派遣增援部队,是吗?

答:正如我一开始所说,我连这个会议到底有没有举行过都不知道,自然不知道他们在会上讨论过什么事情。

问:在当天晚上,陆军省否决了暂停增派援兵的决定,于是军事动员继续进行,这与你在证词第7页所说的恰恰相反,你知这事吗?

答:我不记得发生过这样的事。

问：1937年8月7日，日本外相、海军大臣和陆军大臣齐聚首相府，商妥解决事件的条款应当包括：中国应承诺并保证"满洲国"问题就此作罢，这事你知道吗？

答：我没有听说过这样的事。

韦伯庭长：阪埂先生。

阪埂辩护律师：我们没有看到任何证据——与此会议的召开相关的证据并没有提交过。我认为，首先应当确定此会议的召开属实，不然，这就成了完全根据假设对证人提出询问。

韦伯庭长：不一定。律师可以通过向证人提问来确立事实。不过，我们也希望如果检方没能通过证人确立事实，须在之后通过别的方法确立事实。

反对无效。

问：参谋本部的部分期望是只有中国保证承认"满洲国"，事件才应该得到解决，是这样吗？

答：请问你的问题是不是这个意思：如果中国承认"满洲国"独立，参谋本部将会感到满意，并且如果中国承认"满洲国"独立并与日本达成协议，日本将会对此感到满意并同意解决事端。

问：这不是我的问题。参谋本部的政策之一是坚持和解条件的其中一项是中国必须承认"满洲国"独立吗？

答：七七事变爆发之前，参谋本部就希望中国能正式承认"满洲国"的独立，在事件爆发后也仍然如此。

问：你在答非所问。参谋本部的意见是日本应当坚持将中国承认"满洲国"作为解决事端的条件之一吗？

答：是的。

问：既然是的话，这一点如何能通过当地和解来完成？你宣誓作证过，参谋本部希望北平地区的中日当地军队能达成和解。

答：我想说的意思是，参谋本部的意见和夙愿是中国能够承认"满洲国"的独立。这并不是指,如果中国不承认"满洲国"的独立,日本就会继续进攻。因此,对于七七事变的解决本身来说,参谋本部的意见是应当尽力在平津地区当地解决。

问：既然是那样,那么假如像我跟你说过的那样,外相、海军大臣和陆军大臣三位官员的确在8月7日这一天一致同意应坚持这一谈判条件,在你看来,这三位大臣和参谋本部之间就存在意见上的分歧,不是吗？

答：我不知道三位大臣的这个会议是否确实召开过。不过,如果这个会议的确召开过,并达成这一决议,那么这三位大臣和参谋本部之间就存在意见上的分歧。

问：8月15日——我现在引用的是证据第270号,也就是1938年8月25日被告佐藤所做的发言。庭长阁下,我引用的是第2页——那天日本政府是否发表了一项声明,就是第2页中段下面的内容,该声明以这些话结尾：

（继续宣读）

　　这项措施（也就是日本决定采取的措施）只不过是为了根除中国的反日行动,并清除此类可耻事件一再爆发的根源所在,从而实现日本、中国和"满洲国"三国间的友好结盟。日本没有任何领土方面的企图。

你记得这份声明是由日本政府于8月15日发布的吗？

答：我不记得是不是在8月份的某天发布的——我不记得是否是8月15日这一天,但我的确记得曾发布过一个这种性质的声明。

问：就在一·二八事变之后,不是吗？

答：是,是那样的。

问：好的。被告佐藤认为该声明或许可以视为宣战书,你同意他的看法吗？

答：我不能完全认同。

柯明斯-卡尔检察官：那么，在第一——

弗里曼辩护律师：尊敬的法庭。

韦伯庭长：弗里曼先生。

弗里曼辩护律师：我反对他使用这份文件，因为该文件从未得到过适当的证明。这份文件最初被出示的时候，法庭曾要求检方确认其作者，但检方从未确认过。自那以后，检方又提交了一次该文件，就在检方举证的最后几天里，他们再次试图提交这份文件。当时该文件由法庭送交语言部，而且据我所知至今仍在语言部，因此并没有被正式接受为证据。

韦伯庭长：克莱默将军已经向我递交证据第2235号，它的翻译更为准确。

柯明斯-卡尔检察官：是的，庭长阁下。

弗里曼辩护律师：尊敬的法庭，那份文件本身被送到了语言部。我并不知道文件已经不在语言部。

柯明斯-卡尔检察官：我确信的是，送交至语言部的任何文件均由翻译仲裁委员会处理过了。我不知道目前的状况，但我对这一点很确信。

韦伯庭长：我还从不知道他们会在这些事情上疏忽，但这次他们可能的确疏忽了。我们最好确认一下。

柯明斯-卡尔检察官：我问那个问题的目的与文件是否作为证据无关。我认为这显然是可以的。

韦伯庭长：不。根据我几分钟前所说的条件，你可以不就任何文件提问。

问：1937年10月1日，首相近卫、陆军省大臣杉山、海军大臣米内以及外相，即被告广田共同出席的一个会议通过决议，要求（和解）条件应是迫使中国承认"满洲国",并在华北建立一个大范围的非军事区,上海附近建立另一个,同时中日应缔结防共协定。你知道这件事吗?

答:我不知道此事是否只由四五位内阁成员讨论决定。不过,我确实知道参谋本部也参与了对这些问题的研究。

问:他们当天同意了应该对中国坚持这些条件吗?

答:我想重复我所说过的话,因为我觉得检方律师没听懂我的意思。我不知道是否有四五位相关的内阁成员在10月1日达成了这样一个决议,不过,我确实知道参谋本部当时的确参与了对这些问题的研究。

语言监督官:略作补充:参谋本部内部也在研讨类似的问题,也就是说,与你所说的由四五位内阁成员参加的所谓的会议达成决议的问题类似。

答:(继续)因此,我无法回答你的前一个问题。

问:我没有问你是否研究过这些意见。我问的是,你是否同意这些意见。

答:我个人同意这些意见。

问:我问的不是你个人,我问的是参谋本部。

答:我记得整个参谋本部对这些意见没有任何反对。

问:到那个时候,参谋本部已经放弃了任何就地解决事件的想法?

答:到10月份,战线已经扩张,在当地解决事件看来已经不大可能了。我们不得不改变对事件和解一事的看法。

问:你的意思是,日军推进得太远,因此不再准备就地解决事端了,是这样吗?

答:我指的是不可能再期望事件能够在华北地区内得到解决。因为战线已经蔓延到了华中地区。

韦伯庭长:卡尔先生,你还有别的问题吗?

问:是的,庭长阁下。

韦伯庭长：我们休庭至明天9:30。

（16:00休庭。）

1947年5月14日，星期三
日本东京都旧陆军省大楼内远东国际军事法庭

（9:30开庭。）

法庭执行官：远东国际军事法庭现在继续开庭。

韦伯庭长：摩尔少校。

语言监督官（摩尔少校）：庭长先生及尊敬的法庭，昨天法庭提及之前送交语言部的证据第2235号。

我提请法庭注意庭审记录第16110页，在此记录上，语言部已向法庭汇报翻译内容。

韦伯庭长：你当时说了什么？

语言监督官（摩尔少校）：庭长，证据第270号和2235号系同一份日语稿的两份译文，已交由仲裁委员会裁决。

经过抽查，我们发现两份翻译都可以接受。但由于证据第2235号的翻译略为准确，我们建议把它作为正式译文。

韦伯庭长：柯明斯-卡尔先生。

谢谢你，少校。

柯明斯-卡尔检察官：庭长阁下，我也调查了情况，发现两份文件经反对之后却已被接受为证据。

韦伯庭长：弗里曼先生。

弗里曼辩护律师：尊敬的法庭，我恳请法庭理清证据第270号和第2235号两份文件的有关情况。

该文件最初在1946年8月9日被提交作为证据，见庭审记录第3603页。当时我反对出示该文件，原因如其序言所说，它是佐藤贤了两次发言的要点,由未知编者编写而成。庭长于当日指示检方确认作者是谁,表明除非知道编者的名字,否则该文件具有的证据价值很低,或不具有证据价值。

1946年11月5日,威廉姆斯先生向法庭做了如此陈述,我引用一下:"我们提请法庭注意已被法庭认可的证据第270号,是日本政府最高层官员的政策制订会议的记录,该会议于1938年1月召开。该文件已经提交为证据,不过,我们当然不会在此刻宣读。"

请法庭注意这个事实,即这些所谓的发言应当是在1928年8月25日和8月29日在内务省的全国警察部长会议上佐藤贤了进行的演说,当时被告佐藤还是个大佐。

我的一个同事提醒我说的1928年,我实际上指的是1938年。

1947年1月23日,在庭审记录第16069页到16082页,季南上校再次试图出示同一份文件,附有一份新的翻译证明,但仍然没有确认文件的编者。

韦伯庭长:这个问题是学术性的,因为——

弗里曼辩护律师:请允许我——

韦伯庭长:卡尔先生说他将不使用任何文件,直接进行交叉询问,这是他的自由——

弗里曼辩护律师:我想——

韦伯庭长:而且符合惯例。你说话时,我得让你说完。你对我也负有同样的义务。这是命令。

弗里曼辩护律师:我能说完吗?我还有一段要读。

韦伯庭长:我不是在打断你,我只是在阻止你不按规矩行事。

弗里曼辩护律师:我很抱歉。

昨天,检方在对河边将军进行反诘的过程中,根据这份文件提出了部分问题。我恳请法庭,应要求检方理清与这份文件有关的事实,并像去年8月法庭所指示的那样,确认编者是谁,或者在该文件得到证明之前停止引用。

韦伯庭长：柯明斯-卡尔先生。

柯明斯-卡尔检察官：庭长阁下，相较于证据第 270 号，第 2235 号是较好的译本，一方面原因在于后者给出了编者的名字，编者名叫熊谷，而第 270 号忽略了这一点。目前，我们正在进行调查，以尽可能找出更多编者的信息。如果需要的话，我们将向法庭报告。

弗里曼辩护律师：尊敬的法庭，我认为检方说的是译者，而不是编者。

柯明斯-卡尔检察官：庭长阁下，我提议跳过此话题。

弗里曼辩护律师：尊敬的法庭，我不想大声喧哗地说个不停。不过，这种情况一次又一次地频繁出现。法庭去年 8 月要求检方确认编者，但他们从未确认过，因此，我认为检方在按照法庭要求找到编者之前，不应再引用这份文件。

柯明斯-卡尔检察官：庭长阁下，浏览一下文件第 2235 号便会发现，辩方认为熊谷是翻译者的名字毫无根据。

韦伯庭长：这已经充分地让法庭注意到此事。我们已经听得够多了。

柯明斯-卡尔检察官：抱歉。

（河边虎四郎作为辩方证人再次被传唤，作证如下。）

交叉询问（由柯明斯-卡尔检察官询问河边虎四郎证人）

问：河边将军，再次引用证词第 9 页最后一部分，即第 8 小节的最后几句话，你说，"事实很清楚，每当某个战场上的单个军事行动结束时，中央统帅部总希望全面停止敌对状态，并且在秘密筹备这样的计划。"

略过下一句细节描述，你说，"在南京军事行动前后，德国驻华大使馆调停战事时，情况更是如此。我们与政府密切合作，可惜的是仍然没能达成我们的目标。"

在这件事上,参谋本部和政府之间曾有过十分激烈的争吵,这不是事实吗?

答:我将讲述我对此事的记忆。当时陆军参谋本部次长多田强烈主张加快推动与中国达成和解。从参谋副长多田处,我得知政府和参谋本部之间对时局的预测存在着一些分歧。政府的判断是,中国不再打算接受日方的要求。而另一方面,陆军参谋副长多田则认为时局尚未明朗,因此有必要进一步了解中国对此事的意图和需求。

我记得日方传达给中国方面的意见如下,而且我认为主要强调的内容是这些:无论如何,我们应至少让中国人理解日方希望展开和平谈判。

关于你说的那一点,我得到的信息是这样的:政府方面认为中国无意开始和谈,而多田将军认为眼下时局尚不明朗,所以有必要开展进一步调查。因此,政府和军事高级指挥层之间未能达成一致意见。

我记得多田将军最终放弃了他的立场,并将该事务全权交由内阁中负责日本外交政策的大臣们处理。就是这样。

问:那么,河边将军,如果你刚才说的是事实,并且我也认可其中一部分是真的,那么你为何在证词中宣誓说,参谋本部与政府密切合作,两者意见完全一致?

韦伯庭长:河边将军,说话时请靠近麦克风,这样你就不用如此大声地说话。

答:我现在回答上一个问题。

在最初阶段,由于此事尚处于研究之中,产生意见分歧是完全可能的。

如我之前所说,在最初阶段,由于正在进行调研,他们之间存在意见分歧。不过,在最后的分析中,政府和军事最高指挥层在某些方面达成了相互理解,参谋本部不再坚持自己的立场,而是将该事务全权交由政府处理，由此双方在日本国策、外交政策和军务上达成了统一和协调。

问：那么，现在让我们说点这方面的细节。在南京攻陷后不久，1937年12月，参谋本部的看法是立即停止对华战争从而为对苏作战做准备吗？

答：你的问题有一部分是对的。就是攻克南京后，参谋本部立即主张重建中日和平，但并没有抱有任何其他想法，比如说是为对苏作战做准备。

问：参谋本部有没有说过，如果你们在对华作战时苏联有意干涉，那么日本的资源将不足以应对苏联方面的军事行动？

答：我不知道有没有主张过此事，但我们这些负责此事的军官是有这样想法的。

问：多田将军告诉过内阁他还需要两年多的时间来为对苏作战做准备吗？

答：我对这个一无所知。

问：这是参谋本部的看法吗？

答：我们没有这么具体的想法。

问：你指的是时限是两年还是一年这件事吗？

答：我们没有考虑过这件事的时间问题。

问：昨天我给你看了证据第672号，其中东条主张日本应当首先攻击中国，作为对苏备战的一种手段，而你告诉我参谋本部不同意这一看法。现在我要问你的是，参谋本部12月份坚持要求立即同中国达成和解，从而准备对苏作战，是吗？

答：检方律师，你想问的是不是日本是为了准备对苏作战，才寻求与中国达成和平协议的？

问：是的。

答：不，不是这样的。

问：参谋本部有没有——我想你已经这样说过,但我想再确认一下——参谋本部主张过为了与中国达成和平,应当向中方提出确切而适度的条件吗?

答：是的,当时的看法是那样。

问：在12月21日举行的内阁会议上,这个意见遭到了木户幸一的强烈反对,后者主张不急于同中国达成和平协定,因而提供给中国的条件应当尽量模糊,多田将军跟你说过此事吗?

洛根辩护律师：尊敬的法庭,关于这一点,我相信目前本案中没有任何证据。

韦伯庭长：我已经说过证据可以通过证人的回答来首次提出,但假如证人没有作出这样的回答,则检方有义务为其向证人提出的问题确立事实。

问：请你回答问题。多田跟你说过这件事吗?

答：没有。

问：你从其他渠道听说过吗?

答：没有。

问：你不知道内阁已经否决了向中国提供确切和谈条件的提议,并赞成只向中国提供模棱两可的条件吗?

答：我对内阁的态度没有确切的记忆。

问：但你知道日本提供给中国的谈判条件,不是吗?

答：我只记得参谋本部打算提出的计划。

问：佐藤将军知道真正向中国提出的是哪些条款。在证据第270号第3和第4页,或证据第2235号第4、5页都能找到这些条款。我来宣读一下。

(宣读)

一、中国抛弃亲共、反日、反满政策,并与日本及"满洲国"合作反共。

二、在必要的地区建立非军事区，并在这些区域建立广泛的自治体制。

三、中国与日、"满"缔结经济上密切合作的协定。

四、中国向日本帝国偿付必要的赔款。

你不知道这些就是日本提出的谈判条款吗？

答：我知道参谋本部同意这些谈判条款的要点，至于被告佐藤，我得说，他当时任职于陆军省，可能对政府的政策比较熟悉。然而，就我本人来说，我不知道向中国提出的谈判条件具体是哪些。

问：但你确实知道这些条款与参谋本部想要提出的条款存在很大的差异，难道不是吗？

答：我没有说过存在很大的差异，但从理论上来说，意思是差不多的。

问：很显然，这些条款非常模棱两可，不是吗？

答：是的。我承认这个事实，确实很模糊。

弗里曼辩护律师：这个问题具有争议性，我提出反对。

韦伯庭长：我不这样认为。反对无效。

问：自11月5日起，德国大使便一直在调停谈判事宜，不是吗？

答：我收到的通知是这样。

问：据德国大使的反馈，中方愿意进行和谈，有人跟你说过此事吗？

答：有的。

问：和谈进行期间，日本有没有于当天，即11月5日，在上海建立了一个所谓的本地独立政府？抱歉，是12月5日。

答：我不知道有这事。

问：这在证据第463号第4页。并且，12月14日，也就是攻陷南京后第二天，日本是否在南京建立了另一个独立的华北政府？

答：我都想不起来了。

问：这在证据第 463 号第 1 页以及证据第 270 号第 5 页。

（继续宣读）12 月 24 日，内阁决定了华北地区的方针，包括成立独立政府，让华北地区为日本国防和"满洲国"的发展及提高必要物资的产量作贡献。

你知道吗？

阪垺辩护律师：我想问一下，检方指的是哪一年？

问：1937 年。

答：我不知道日本政府于 1937 年 12 月 24 日做出过类似性质的决定，因此我不能也没有资格对这个决定的内容作出回答。

问：这一开始就是七七事变的目的所在，难道不是吗？

答：就我自己的记忆来讲，参谋本部从没有这样的想法。

问：据你所知，日本有没有强迫过中国就我刚才读给你听的和谈条件快速作出答复？

答：我不知道曾有过强迫中国的事。

问：我现在说的内容在证据第 270 号第 4 页和第 486D 号。在那些和谈条款提出之后，参谋本部有没有继续强调这些条件应当更具体，并且无论中国准备接受怎样的条件，日本都应该同意？

答：在我的记忆里，参谋本部所主张的同中国达成和解的意见是很宽宏大量的。不过，我不记得参谋本部曾就任何事情提出过要求、主张、抱怨或是抗议。

问：参谋本部的意见是不是遭到了陆军省和内阁的一致反对？

答：我不记得他们对参谋本部的意见表示过强烈反对。

问：争吵激化到不得不在 1938 年 1 月 11 日召开御前会议来解决此事的地步，是吗？

答：我对此事的记忆如下：御前会议的召开并非是因为政府和参谋本部之间，或政府内部存在立场和意见上的分歧或反对，而是因为其他原因。

我对御前会议的记忆是这样的：南京的攻陷意味着一个阶段的结束和另一个新阶段的开始。这为给新阶段制订计划提供了一个良好的机会，而召开此次御前会议的目的就是在天皇面前就下一步的做法集思广益并达成意见一致。

问：你说的新阶段指的是向中国发动进一步战争吗？

答：不是。南京的攻陷至少给整个事件带来了一个新的阶段，而且在南京攻陷之前，日本就已经开始了与中国的谈判行动。至于下一步该怎么做，则应当在御前会议上决定，或由其他有权能的机构来决定。

问：御前会议就对华的详细谈判条款做出了决定，你知道吗？请见证据第 270 号第 4 页。

弗里曼辩护律师：尊敬的法庭。

韦伯庭长：弗里曼先生。

弗里曼辩护律师：我的理解是语言部提供了证据第 2235 号作为翻译，而检方却持续引用证据第 270 号。

韦伯庭长：如果你将要引用的问题在两份证据中存在任何差异，你应当引用更可靠的那份证据。

柯明斯-卡尔检察官：实质上证据第 2235 号第 5 页上也有同样的内容。不过，此刻我不打算宣读其中任何一份，庭长阁下。

问：那些具体谈判条款被外相广田扣留了，从未向中国提出过，你知道吗？

答：我从没听说过此事。

问：1938 年 1 月 13 日，中方提出要求，希望明确 12 月日本提出的四项谈判条款的含义，你也曾认同这四项条款含义极不明确。你知道这件事吗？

答：是的,我听说当时中国政府曾向日本政府提出过此类要求,但我记不清你所说的这么具体、确切的事情了。

问：你知不知道次日,也就是 1 月 14 日,日本内阁并没有将御前会议通过的详细谈判条款送往中国,作为对中国要求的具体信息的回复,反而决定同中国政府断绝所有关系？你知道此事吗？

答：我知道这个情况。

问：好的。接下来的那天,即 1 月 15 日,多田代表参谋本部对推翻上述决定作了最后的努力,是吗？

答：我记得多田在参谋本部办公室里告诉过我们,他感到极其遗憾,不过我不知道,也不记得他有没有通过内阁或其他部门做出过努力。

问：他一整天都在参加一个联络会,就此事与政府争辩,他跟你说过此事吗？

答：我想那大约是 1 月 14 日前后的事,但我记得多田将军曾去参加联络会,并在会后告诉我他当时已经很明确地表达了他的意见。

问：好的。

韦伯庭长：我们休庭 15 分钟。

（10：45 休庭。）

（11：00 重新开庭。）

法庭执行官：远东国际军事法庭现在继续开庭。

韦伯庭长：柯明斯-卡尔先生。

交叉询问（由柯明斯-卡尔检察官继续询问河边虎四郎证人）

问：多田有没有告诉你,在 1 月 15 日的这次联络会上,他主张过应同蒋介石展开个人谈判？

答：没有。

问：还主张通过提供四项谈判条款的更多细节来对中国的要求作出回应？

答：你是指在联络会上吗？

问：是的。

答：我不知道这次会议上的事。

问：他有没有跟你说过，他在会上解释说，他坚持这一主张的唯一原因是因为惧怕苏联？

答：我不记得他说过这样的话。

韦伯庭长：如果你在引用已经列为证据的内容，我想我们乐意知道是在哪一页。

问：我还没有进行到这一阶段，庭长阁下。

问：他有没有告诉你因为木户和广田的反对，他没能取得任何进展？

洛根辩护律师：尊敬的法庭，如果检方援引的是其打算提交作为证据的文件，我请求应当将此文件标注为证据，好让我们都知道到底检方在谈论什么内容。

韦伯庭长：我不认为，我们不应当或者说不可以随意责成检方说明他是否在引用哪份文件或其他什么材料。检方或许正在根据多田招认过的内容向证人提出询问。如果法庭强迫检方公开其信息来源，则显得有失公允。不过，我们希望检方在反证阶段能够证明，或者试图证明其目前向证人提问的内容，要么说明为何无法提供证据。这是法庭对辩方所能给予的最大限度的保护。我们可以坚持让检方公布证据，但这会彻底破坏交叉询问的有效性。

洛根辩护律师：我尊重庭长阁下的声明以及检方交叉询问的范畴。但同样地，出于对辩方的公平，假如检方打算稍后提交此文件，却在此时对证人进行交叉询问，那么在证人退庭后，如果该文件并未被提交为证据，辩方就失去了就同一文件对证人进行交叉询问的机会。

韦伯庭长：如果卡尔先生明确提到某份文件，按照法庭惯例，我们会让他在再次询问前提交文件作为证据。

洛根辩护律师：他也可以根据文件来进行交叉询问，却不提及该文件，这样辩方就处于不利地位了。

韦伯庭长：如果检方未提及文件，那么无论如何，在现阶段他并未依赖此文件的存在。只有当他开始依赖于该文件、依赖于该文件的存在，我们才有必要保护辩方的权益，让他公开该文件。

洛根辩护律师：但假如检方在反证阶段提交此文件时才第一次提到它，那么辩方便失去了对证人进行交叉询问的机会。

韦伯庭长：我知道你在任何情形下都有权对这位证人进行交叉询问，虽然他是辩方证人。现在假如卡尔先生依据一份没有提交过的文件进行交叉询问，并在反证阶段提交该文件，那么他没有将文件出示给辩方证人一事就将引发争议，因为辩方证人可能会对文件的有效性提出质疑。仅此而已。

洛根辩护律师：谢谢，庭长阁下。

（由柯明斯-卡尔检察官继续询问。）

问：河边将军，在同一天，即 1 月 15 日，中国政府再次重申他们的要求，希望获得和谈条款的详细内容，并向日本政府保证中方此举并非为了逃避问题，你知道这件事吗？

答：我不知道。

问：1 月 16 日——见证据第 972A 号和 486B 号第 2 页——内阁公开其决议，宣布将不再以蒋介石为谈判对手，未来只与中国的新政府交涉，是吗？

答：是的。

柯明斯-卡尔检察官：庭长阁下，关于 1 月 14 日的内阁决议，我原本应当引用证据第 2260 号，即《木户幸一日记》以及证据第 486C 号。我不确定我有没有在上次休庭之前提到过这些文件。

韦伯庭长：我不记得你提到过证据第 2260 号。

柯明斯-卡尔检察官：是的，庭长阁下，我本应该提到的。

韦伯庭长：我也不记得你提到过证据第486C号。

柯明斯-卡尔检察官：是的。

问：你说过德国方面参与了谈判。那么，你是否知道在证据第486B号中，德国外交部将这些过程称为肮脏的日本诡计？

答：我不知道。

问：你不同意那样的描述吗？

答：我个人无法认同。

问：你在证词第9页另外一个部分，你说你提交了——（语言部）第8小节中的倒数第2段——你说你曾在8月初向陆军省提议，应当开始预备近15个师团战斗近半年所需的军需物资，而被告梅津并没有立即批准该提议。那么，他是何时批准你的提议的？

答：我想应该是9月份的某个时间，但我记不清具体日期了。我所能记起的是他在我提出建议后过了一段时间才表示了同意。

问：1937年5月和6月事件爆发之前，陆军省已经提交过一份用于增加军需供给的5年计划并获得了通过，你知道吗？

答：我不记得是哪一年，但我确实知道这些计划正稳步成型。

问：那么，参谋本部支持这些计划吗？

答：是的。

问：我之前问过你，关于1937年12月及1938年1月参谋本部和内阁之间发生争论，当时陆军省是否站在内阁一边，共同反对参谋本部？

答：没有事实能够证明参谋本部和陆军省之间存在过任何对立、分歧，或敌对态度，因为陆军大臣在内阁会议上发言之前，先咨询过参谋本部的意见。

问：那难道你不知道在内阁决议中，陆军大臣是支持其他内阁成员，反对参谋本部的意见的？

答：我只记得与我本人职责有直接关系或与我直接相关的事，以及我个人从多田将军那里听说的事，其他的都不记得了。

问：那样的话，为何你要在证词中冒险提供关于这些谈判过程的证词，并宣称参谋本部与政府意见完全一致？

答：我问问译员；有可能我的回答在翻译时被颠倒了顺序。

语言监督官（摩尔少校）：庭长先生。

韦伯庭长：摩尔少校。

语言监督官（摩尔少校）：请回到证人对对上一个问题的回答，并重新翻译一下。

韦伯庭长：好的。

（日语法庭书记官宣读了证人的上一个回答）

语言监督官：我只记得与我相关的事以及多田将军私下告诉我的事，其他的不记得了。

语言监督官：可以让证人说得更详细一点吗？

问：如果翻译准确，似乎已经足够清楚了。

韦伯庭长：摩尔少校。

语言监督官（摩尔少校）：庭长先生，译员给出的翻译是准确的——是对回答的合理翻译。我不愿对其进行裁定，但如果法庭允许，我想说我们认为证人的回答如下：

除了我的职责或者与我直接有关的事，或我从多田将军那里听说的事之外，其他我想不起来了。

庭长先生，我相信只在意思上有稍许改动。

韦伯庭长：我们接受摩尔少校的翻译。以他和他的两个同事的翻译为准。

阪埜先生。

阪埜辩护律师：庭长阁下，我反对检方提出的问题。这是重复性问题，上次休庭前已经向证人提出过，而证人已经作出回答。

柯明斯-卡尔检察官：这样的话，我将问一个别的问题。

韦伯庭长： 反对有效。

（由柯明斯-卡尔检察官继续询问。）

问：河边将军，你还记得当我刚开始交叉询问时，我曾请你注意你在证词中的陈述，并向你提问，关于你在参谋本部任职期间是否能够知道所有与那些争论有关的事情，从而证明你所给出的证词，而你的回答是肯定的。

确切地说，你的回答是，你并非知道所有的事，但视情况而定，你所在的职位允许你知道眼下正在做的事情的细节；而且你还说那些事都是多田将军直接告诉你的。

你现在是否希望更改之前的回答，说你（其实）并不了解我问你的这些事？

答：没错，在交叉询问开始之前，我就是这么说的。视情况而定，我的上级军官会通知我事情的详情。而且这也是事实，就像我在本法庭已经说过的那样，我是直接听——下村少将因病缺岗时，我作为代理部长，直接听多田将军说的。我不希望更改我之前做出的陈述。

柯明斯-卡尔检察官： 庭长阁下，交叉询问到此结束。

请允许我提一下，关于证据第 2235 号，我们现已确认这位名叫熊谷的人，也就是在被告佐藤的发言报告上签字的人，当时在厚生省就业课担任课长。而当时被告木户正是厚生省大臣。如果需要的话，此事可写到证明上。

韦伯庭长： 如果还未被接受，应当宣誓证明。

弗里曼先生。

弗里曼辩护律师： 我不是想利用法庭的宽宏大量。但辩方说的是译者而非编者。

韦伯庭长： 你可能是对的，但目前我不这么认为，弗里曼先生。

阪埜先生。

阪埜辩护律师： 我想就几点（内容）进行再次本方询问。

再次直接询问（由阪埜律师询问河边虎四郎证人）

阪埜辩护律师：昨天，关于检方所问的问题，法庭对参谋本部的文件的准确性及真实性存疑。

语言监督官：也就是参谋本部的文件销毁一事。

问：（继续）关于军事文件的保存，军中有任何规定吗？

语言监督官：也就是保存时限。

答：是的，有那样的规定。

问：这能称为军队内务条令吗？

答：是由军队内务条令规定的，适用于各政府部门。

问：那么是否可以这样认为，这些文件应当保存的时间长短——取决于文件的重要性？

韦伯庭长：柯明斯-卡尔先生。

柯明斯-卡尔检察官：庭长阁下，如果有这方面的规定，我们认为应当先出示。

韦伯庭长：是这样的。

阪埜辩护律师：我们过后会安排并提交此规定。

问：行动计划、战略计划的保存期限是怎样规定的？

答：我认为是永久保存。

柯明斯-卡尔检察官：我反对，原因同上，庭长阁下。

韦伯庭长：如果你在依据某些文件提问，你必须出示它们，要么做出说明。我已经说过多次。

问：来自驻外武官的情报大约保存多久？

柯明斯-卡尔检察官：这跟庭长刚刚裁决过有效的异议属于同一范畴。

阪埜辩护律师：庭长阁下，我的提问并非针对规定的时限，而是证人知道或者记得的时间。

韦伯庭长：来自外国的文件的保存期限——看起来与文件内容并

无关联，当然，日期除外。

我这么理解他的问题没有错吧？

我刚刚以为他在问一份文件从国外送回平均需要多长时间。

到底问的是什么？

（法庭书记官宣读了上一个问题）

语言监督官：是关于文件的保存期限。

韦伯庭长：请证人回答，有没有什么规定或其他文字材料明确该期限？

证人：是根据规定来确定的。

韦伯庭长：我们必须看到这些规定。

阪埜辩护律师：证人说过，在日本接受《波茨坦公告》的谈判过程中，日本方面曾希望把与战争罪审判有关的文件剔除出去——从禁止销毁文件的条款中剔除出去。

问：证人先生，你知道此事吗？

柯明斯-卡尔检察官：庭长阁下，我反对。这根本不是证人说的。

证人说的是日本方面希望将战争罪审判从条款中去除——将不得进行战争罪审判作为一个谈判条件。

韦伯庭长：我记得是你这样说的，卡尔先生。

阪埜辩护律师：我记错了，对此我很抱歉。

问：当你提到那些可能知道这个消息（指禁止销毁文件的命令）的人时，这类人的范围是怎样的？——这些人属于哪一类？

语言监督官：对此事知情的人在哪个范围？

韦伯庭长：证人至今的回答都是一成不变的"视情况而定"。

问题有点莫名其妙，除非这就是回答，但又不算回答。或许是翻译有误。

请换种说法来提问，阪埜先生。

问：哪一类或哪一范围内的人知道这一事实和那些事实？

语言监督官：他没有说是什么事实。

韦伯庭长：你说的这一事实是指的是什么事实？什么样的问题？

阪埜辩护律师：我想确认是否那些销毁文件的人不知道有禁止销毁文件这一命令。

语言监督官：更正：我想问证人的是，那些负责销毁文件的人在销毁文件的过程中是否知道此事，即《波兹坦公告》中有一项与惩处战犯有关的条款。

韦伯庭长：他怎么会知道那些人是怎么想的？那么多人。

阪埜辩护律师：我想我们可以假设这些条款在当时并不广泛为人所知，只要能找出事实。

韦伯庭长：英语里有句司法古谚叫做"魔鬼都不知道人们脑子里想的是什么"。

他又怎能告诉我们，到底哪些人知道这件事？

阪埜辩护律师：如果能够证明只有那些相关当局知道——

语言监督官：庭长先生，我只是在尽可能客观地处理这个问题。如果事实证明只有极少数人知道《波茨坦公告》的条款，那么我们就可以推测这些条款一般人是不知道的，因此那些负责销毁文件的人也不知道。

韦伯庭长：公告是面向全世界的。要说谁听到了谁没听到，那是不可能的——也就是说，不管怎样，要在东京军界说谁听到了谁没听到是不可能的。

问：投降之前，那些——就是说，在和平谈判正在进行的过程中，哪些人知道有禁止销毁文件的条款？

韦伯庭长：你可以传唤那些销毁文件的人，从他们那里了解谁知道《波茨坦公告》或其他公告，如果你无法解释原因的话。毕竟，我们想知道其想法的那些人是发布命令的人，这些人并不多。

我们休庭至 13:30。

（12:00 休庭。）

七、日本海军与鸦片运输问题

（13：30重新开庭。）

（荷兰法官博纳德未出席。）

法庭执行官：远东国际军事法庭现在继续开庭。

韦伯庭长：阪埜先生。

阪埜辩护律师：休庭之前进行的再次本方询问与文件的销毁有关。由于此后还将提及文件的销毁一事，辩方将传唤参与文件销毁的各位证人，并以证据的形式出示他们在烧毁文件的过程中所遵守的规定。因为此问题事关重大，辩方准备这样做，并希望就此结束再次本方询问。

最后，我想要谈一下检方提出的文件，关于1937年7月23日陆军省、海军省及外务省共同召开的会议。

语言监督官：陆军省、海军省及外务省大臣们。

阪埜辩护律师：另外，还有1937年8月7日外务大臣、海军大臣和陆军大臣召开的所谓的大会的证据，1937年10月31日近卫、米内、杉山、广田召开的所谓的会议的证据，以及1938年1月15日召开的联络会的证据。

既然法庭已经裁定应出示这些文件，辩方将尽最大努力尽快出示这些文件。

我说完了。

请求法庭允许证人照例退庭。

韦伯庭长：照例退庭。

（证人退庭。）

韦伯庭长：威廉姆斯先生。

威廉姆斯辩护律师：辩方传唤下一位证人藤井茂。

（藤井茂作为辩方证人被传唤，在宣誓后通过日语译员作证如下。）

直接询问（由威廉姆斯辩护律师询问藤井茂证人）

问：请证人向法庭陈述姓名和住址。

答：东京都目黑区衾町一四零二番地。藤井茂。

威廉姆斯辩护律师：请向证人出示辩方文件第1339号。

（一份材料交给了证人。）

问：请看一下这份文件，并告诉法庭这是不是你的证词。

答：是我的。

问：文件中的内容是否准确真实？

答：是的。

威廉姆斯辩护律师：我提交证人藤井茂的证词，即辩方文件第1339号作为证据。

韦伯庭长：照例许可。

法庭执行官：辩方文件第1339号被列为证据第2583号。

（辩方证据第2583号被接受。）

威廉姆斯辩护律师：现在我宣读证词。

（宣读）

藤井茂的宣誓证词。

已首先正式宣誓如附件所示，根据我国程序，在此作证如下。

1936年12月30日至1940年4月5日，我在海军省军务局负责军舰的调遣。

检方文件第 95501 号声称，两艘日本驱逐舰被派往印度洋接受一船送往上海的波斯鸦片。但在我的任期内，没有日本军舰在印度洋上活动过。

在该文件提到的时间，日本和英国处于和平状态；因此印度洋地区应该在日本海军行动领域之外，这意味着日本战舰在那个地区的所有行动应该遵循日本海军省的指令，但海军省那段时间没有发布过任何指令。

韦伯庭长：奎廉准将。
奎廉检察官：尊敬的法庭，我们不希望对证人进行反诘。
威廉姆斯辩护律师：证人可以照例退庭吗？
韦伯庭长：照例退庭。
（证人退庭。）
威廉姆斯辩护律师：接下来辩方传唤证人马场鯱。
（马场鯱被作为辩方证人传唤，在宣誓后通过日语译员作证如下。）

直接询问（由威廉姆斯辩护律师询问马场鯱证人）

威廉姆斯辩护律师：请向证人出示辩方文件第 1290 号。
（一份材料交给了证人。）
问：请看一下这份文件，并告诉法庭这是不是你的证词？
答：这是我的证词。
问：文件中的内容是否真实准确？
答：是的。
威廉姆斯辩护律师：我提交证人马场鯱的证词，即辩方文件第 1290 号，作为证据。

尊敬的法庭，证人写了两份证词。我们已经建议证人同时指认这两份证词，因为我得到通知说检方对文件中的内容有异议。

请向证人出示辩方文件第 1444 号。

（一份材料交给了证人。）

问：请再看一下这份文件，告诉我们这是不是你的证词。

答：没错，这是我的证词。

问：文件中的陈述是否准确真实？

答：是的。

威廉姆斯辩护律师：辩方同时提交辩方文件第 1444 号，即证人马场鲲的另一份证词，作为证据。

韦伯庭长：奎廉准将。

奎廉检察官：尊敬的法庭，我们认为，这些过于冗长的证词易引发异议，原因有几点。这些证词总页数多达 27 页，我们认为它们语言繁琐，并且包含大量论点、观点以及其他不相干的材料。我们还认为，这些证词晦涩难懂，对决定本案的诸多问题没有帮助。另外，在这一方面，以及许多其他方面，它们似乎违背了法庭对于证词的规定。

我们承认，证词的各个段落中的确包含着一些与本案相关、可以接受的证据。因此，检方很难对具体段落提出反对。不过，以下内容可作为异议材料的例子提出：

文件第 1290 号第 4 页没有提到重要日期。这一点很重要，因为总体而言，关于鸦片的检方举证均在 1941 年之前。在此情况下，以及许多其他情况下，证词的内容似乎与检方举证毫无关联。

第 5 页上有大量与待遇问题有关的材料。检方认为这与本案不相关，而且再次没有说明提及的时间段。

另外，检方还认为第 6 页关于华中和华南状况的内容与本案的问题不相关，只是非常含糊的评论，与具体问题无关。

而且，第 7 页和第 8 页上的概述是关于马来亚岛、爪哇、泰国、法属印度支那，以及缅甸等地的鸦片分布位置。我们认为这些内容统统与本案无关。

从第 8 页中间到证词结尾讲的是前"满洲国"采取的反鸦片政策大纲。

我们认为,只要稍微翻阅一下这个问题,就能看出这实际上与本案毫无关系。而且,由于日期及其他细节的省略,大部分内容显得含混不清。不过,显然大部分内容与 1944 年至 1945 年这段时期有关,与检方举证没有关系。

第 12 页有一个部分是关于宣传部的计划。至于这一计划什么时候制订的、执行到何种程度等均并没有说明。该证词确实缺乏大量关键细节。

再来看另外一份文件,第 1444 号。实际上,这份共 14 页的文件大概描述了华北地区的情况,条理并不清晰。而且也没有指明时间段。从第 3 页最后一段以及其他迹象可以看出,整份证词实际上就是叙述了 1944 年举行的一次会议的过程。

第 6 页最后一句就是含糊不清的一个典型例子,即以简言之——为开头的这个句子。

我们认为,这两份证词就目前的形势来看,的确毫无价值。尊敬的法庭,我们承认,进行长时间的交叉询问可能会得到相关证据,但很明显这会花费过多的时间,这与得到的结果不成比例。

因此,我们认为法庭应要求辩方撤回证词。

韦伯庭长:威廉姆斯先生。

威廉姆斯辩护律师:尊敬的法庭,我们认为,交叉询问时提出一个适当的问题,就可以解决掉对此证词的大部分反对。

韦伯庭长:交叉询问的目的是破坏证据,而不是巩固证据。我们不能依赖交叉询问来了解这份文件或这些文件是否存在价值。

威廉姆斯辩护律师:是的,先生,我同意。我指的是日期的问题。检方说证人提及的计划没有日期。庭长阁下,文件第 1290 号,即证据第 1944 号第 11 页指明了日期。

庭长阁下，证人是一位专家证人，他的资质在文件第 1290 号第 1 页上已经写明。他的证词显示，他写过 4 本书，对东亚的毒品和鸦片问题进行了长期广泛的调查。

韦伯庭长：他如果拥有这些资质，应该不难清楚地表达自己的意思。可能是糟糕的英语翻译造成的，译文有多处错误。

我想我们将进行一项非常困难的工作，要在这份证词中寻找任何有价值的东西。我确实建议你们认真考虑撤回，提交其他不那么容易引发异议的文件。我指的是两份证词；两份都引发了异议。不过，如果你坚持要法庭接受这两份证词，我需要听听其他法官的意见。

威廉姆斯先生。

威廉姆斯辩护律师：尊敬的法庭，我承认这些文件的翻译读起来不那么顺畅。

对于奎廉准将提到的材料不相关的问题，我们认为，起诉书附录 A 第 4 条囊括了马来亚岛、爪哇、缅甸等问题。

庭长阁下，第 4 部分中说：在本起诉书所覆盖的时间范围内，几任日本政府通过其军事指挥官、海军司令以及中国和他们占领或打算占领的地区的民政人员……这指的是毒品交易。

如检方愿意保证除了满洲和华北地区以外，他们没有其他地区鸦片和毒品问题的证据，我们愿意忽略证词中的这些部分以及他们反对的其他部分。

不过，起诉书的第 4 条仍然还是成立的。庭长阁下，我们提议取消，但未得到允许，因此我们必须假设起诉书中所有材料都有证据存在。

韦伯庭长：奎廉准将。

奎廉检察官：尊敬的法庭，检方只提交了与中国和满洲地区的鸦片问题有关的证据，没有提供过其他地区的证据。因此，我们不能要求法庭处理中国和满洲北部以外的鸦片问题。

威廉姆斯辩护律师：当然，庭长阁下，我们的条件只是与检方达成一致,即起诉书附录 A 第 4 条应只包括中国和满洲。

韦伯庭长:一件一件地说。我认为,法庭大多数成员认为证词应该重写,以便让内容更紧密、切题,只回应检方的证据。

威廉姆斯辩护律师:尊敬的法庭,或许我们可以理清检方提出的证据以及证据支撑什么罪状。

韦伯庭长:这也无法帮助我们决定怎么处理这些文件。我们告诉你我们希望你怎么做。我们不希望你做超出回应检方证据之外的事;也就是说,回应他们提出的指控,不要回应他们未提出的指控。如果起诉书中有什么内容未得到证据支撑,我们会在合适的时间处理,但不是现在。他们已经完成了证据提交工作。你完全知道在证明反证证据对应的罪状时检方会拿出什么证据。

威廉姆斯辩护律师:庭长阁下,我提出这一点是因为,改写证词的时候我们不知道什么该写、什么不该写。

韦伯庭长:我重申一下,你方回应检方的证词必须简洁切题,只陈述证据,或回应检方提出的证据。我说得已经非常清楚。起诉书中没有证据支撑的指控将被剔除或不予考虑,要么是调查结果对辩方有利,要么是剔除起诉书中的那些指控。你们还坚持提交这些文件吗?

威廉姆斯辩护律师:我们不太确定,庭长阁下,因为如我指出的那样,我们的提议被否决了,起诉书很长,囊括了所提交的 1928 年到 1945 年间大量最纠结最复杂的证据。

韦伯庭长:你是在要求我们接受这两份文件吗?

威廉姆斯辩护律师:尊敬的法庭,根据已指出的情况,我们确实要求法庭接受这两份文件,忽略爪哇和泰国这类检方表示没有证据的部分。

庭长阁下,我得指出,就检方来说,我们当然不知道他们会在反证时提出什么证据。

韦伯庭长:反证内容需要基于你方证据,而不是他方证据的补充。

大多数法官支持反对意见,驳回文件。

威廉姆斯辩护律师：我们请求让证人退庭，庭长阁下。

韦伯庭长：证人照例退庭。等你们有了合适的证词可以再传唤他。

（证人退庭。）

威廉姆斯辩护律师：弗内斯先生将继续提交其他证据。

韦伯庭长：弗内斯少校。

弗内斯辩护律师：尊敬的法庭，这将是中国部分的第 6 子部分。当然，我们的工作由各位律师负责，一位律师将要出庭意味着他的被代理人可能被控共同谋议罪，但并不一定表明他参与了密谋。

请法庭传唤我们的第一位证人，清水薰三。他的证词是辩方文件第 1352 号。

（清水薰三作为辩方证人被传唤，宣誓后通过日语译员作证如下。）

直接询问（由弗内斯辩护律师询问清水薰三证人）

问：请陈述你的名字，年龄和住址。

答：我的姓名：清水薰三。现住地址是：东京都杉并区荻窪一丁目十九番地。我的年龄：54 岁。

弗内斯辩护律师：庭长阁下，据我所知，此证词尚未到庭，但已派人去取了。

韦伯庭长：文件提交给法庭书记官了吗，还是他带走了？

弗内斯辩护律师：据我所知，是提交给法庭书记官了。

我请求向证人出示辩方文件第 1352 号。

问：这是你的证词副本吗？

答：是的。

问：内容是否真实准确？

答：是的。

弗内斯辩护律师：我提交辩方文件第 1352 号作为证据。

韦伯庭长： 照例许可。我从法庭书记官那里了解到，他没有该文件的原件，也没有其副本。弗内斯少校，我想你没有遵循正常的举证顺序。

弗内斯辩护律师： 是的，庭长阁下。对此我们感到很抱歉，确实是这样。

韦伯庭长： 下次有变动，请先通知法庭执行官，让他们提前做好准备。从眼前文件看来，你选择从8号文件开始。

弗内斯辩护律师： 非常抱歉。我们原以为另一位证人会继续作证。鉴于此，我们稍后将提交石原莞尔的询问书记录。

韦伯庭长： 请证人退庭。拿到原件之后，法庭将传唤或可能会传唤他。

（证人退庭。）

弗内斯辩护律师： 非常抱歉，庭长阁下，我们不得不违反正常的举证顺序。现在我提交辩方文件第1387号，是辩方文件第1282号的附件。

韦伯庭长： 法庭书记官拿到这两份文件中的任何一份了吗？

塔夫纳先生。

塔夫纳检察官： 尊敬的法庭，这是一份医生证明，显示证人影佐祯昭有病在身。检方已经自行进行了一些有关该证人健康状况的调查，我们发现盟军最高统帅代表曾在4月4号给他做过一次体检，这令我们相信该证人的健康状况不适合出庭作证。

韦伯庭长： 他就是辩方文件第1282号证词的作证者吗？

塔夫纳检察官： 是的。

韦伯庭长： 那么我们得拿到这份文件。法庭书记官告诉我，这些文件是在最后一刻给他的，因此他还没有时间研究文件内容。

我们现在坐在这儿，完全无法确定能拿到哪些文件。现在休庭，希望15分钟后能继续进行。

我们休庭15分钟。

（14:30休庭。）

八、石原莞尔证词与九一八事变

（14:53 重新开庭。）

法庭执行官：远东国际军事法庭现在继续开庭。

语言监督官（摩尔少校）：庭长阁下。

韦伯庭长：摩尔少校。

语言监督官（摩尔少校）：今天下午开庭之初，辩方律师阪埜的声明应作如下更正：当时的措辞是"辩方会尽力"应改为"辩方希望能尽快出示这些文件"。

韦伯庭长：弗内斯少校。

弗内斯辩护律师：经法庭准许，现在由马蒂斯先生发言。

韦伯庭长：马蒂斯先生。

马蒂斯辩护律师：尊敬的法庭，辩方现在请求公开石原莞尔的证词。

韦伯庭长：你提交其作为你方证据吗？必须有人提交才行。

马蒂斯辩护律师：那么辩方现在提交石原莞尔的证词作为证据，该证词由该法庭任命的法官取得。

韦伯庭长：该证词包含在尊敬的诺斯克罗夫特法官阁下所写的报告中，但应由法庭书记官宣读。

该证据照例许可。请将诺斯克罗夫特法官阁下获取的证据标记为证据。

法庭书记官：由诺斯克罗夫特法官见证并获取的石原莞尔的证词将被标为证据第 2584 号。

（辩方证据第 2584 号被接受。）

韦伯庭长： 因为书记官不在，诺斯克罗夫特法官阁下呈给法庭的报告将由我的同事宣读。

库佩齐辅佐官：（宣读）

诺斯克罗夫特法官阁下（新西兰代表）的报告，诺斯克罗夫特法官阁下是被委任提取证人石原莞尔证词的法官。

1947 年 4 月 25 日，因辩方律师需要证人石原莞尔的证词，而证人又因身体原因不能来到东京出庭作证，因此法庭要求证人的证词应根据委托在我的见证下予以提取。

星期四和星期五，即 1947 年的 5 月 1 日和 2 日，我在山形县的酒田市见到了证人石原莞尔，（我很高兴证人当时神志正常，适合提供证词）并如期提取了他的证词。

辩方律师弗洛伊德·J. 马蒂斯、迈克尔·列文、富兰克林·E. 沃伦、乔治·C. 威廉姆斯、冈本敏男、阪埜淳吉、笹川知治、以及金内良辅连同检方律师杜尼根先生出席了听证，证人接受了控辩双方律师代表的询问和交叉询问；当时，听证全过程法庭书记官、英日译员和语言监督官均在场；听证期间所有的诉讼程序均被正确翻译成英语和日语。

因此，现在，我，诺斯克罗夫特，远东国际军事法庭成员，在此向法庭报告，我已经按照 1947 年 4 月 25 日法庭的命令提取了证人石原莞尔的证词。我特此证明：所附的诉讼记录稿由我签字，共 156 页，页码从 1 至 156，真实准确完整地记载了委员会的诉讼记录，并且，所附的标有字母 A 的文件是上述证人的证词，该证词在上述诉讼中提交作为证据。

韦伯庭长： 马蒂斯先生，你也提交这份证词，我接受。

语言监督官： 庭长阁下和各位法官，这是语言部。由于诺斯克罗夫特法官阁下所作的报告没有日文翻译，因此无法实现日语同声传译。

韦伯庭长： 看来我们只能等到你通过中继系统翻译出来。这份报告将被归档。证据第2584号包括这份证词。

马蒂斯辩护律师： 多谢，庭长阁下。如此，当提取证词时，证词原件便能提交给法官，并成为证词的一部分。

省掉形式部分，但保留在法官见证下所宣读的委员会令，我想从证词第7页开始，向法庭宣读同样的内容。

（宣读）

石原莞尔被作为辩方证人传唤，宣誓后通过日语译员作证如下：

诺斯克罗夫特法官： 马蒂斯先生，请继续。

直接询问（由马蒂斯辩护律师询问石原莞尔证人）

问：请向法庭陈述你的姓名和住址。

答：我叫石原莞尔，住在山形县饱海郡高濑村。

问：请看一下我现在递给你的文件并告诉法官那是不是你的证词。

答：是的，那是我的证词。

问：证词中的陈述真实准确吗？

答：是的，真实准确。

问：有没有需要更正的地方？

答：有一个错误，是有关我担任关东军参谋的时间。我想对错误陈述进行更正。

问：是在证词的第1段吗？

答：是的，在第1段之前——第1个有编号的段落。

问：第1段？

答：是的。

问：好的。是什么错误？

答：证词中说我从1929年3月作为关东军参谋主管军事活动，请改为1928年10月。

问：石原莞尔，还有其他需要更正的吗？

答：没有了。

马蒂斯辩护律师：法官阁下，我们现在将这份证词提交为证据。

杜尼根检察官：法官阁下，检方想就此对该证词中的某些部分提出反对，我们提议删去证词的第11页到——

诺斯克罗夫特法官：您指的是证词的英文版？

杜尼根检察官：是的，先生。

诺斯克罗夫特法官：好的。

杜尼根检察官：这一页倒数第4行大约18:00字样开始到第12页的第2整段的开头，以遵循这一原则。

马蒂斯辩护律师：尊敬的法庭，我想说，关于那一点以及至少另一项反对，鉴于法庭之前规定必须对无法出示证据原件以及证词中提及的文件作出解释，我们此次不打算把石原莞尔证词中的那部分提交为证据，该部分以书面形式对文件作了引用。我们暂时不考虑这些引文，我们目前正努力从华盛顿战争部获取原件，如能获取原件，届时我们将请求法庭准许来出示这些引文。

为了完全理解我说的事情，在此请求提交石原莞尔证词中的那些部分作为证据并非辩方的意图或目的，该部分声称引自书面陈述。本着这一目的我不打算宣读证词的后两、三页，即第9页、第10页、第11页。从第10页底部开始——我一时疏忽说成了9、10、11页。我本应该说9和10页。

还是从第10页底部开始。

杜尼根检察官：法官阁下，我还有一项反对。

检方反对并提议删去证词中的这部分，第12页第3段第3行，以在同一天18:00左右开头。

诺斯克罗夫特法官：这项反对是基于同样的理由吗？

杜尼根检察官：是的，阁下；一直到——

诺斯克罗夫特法官：请允许我指出，必要时我会对你在法庭上可能再次提出的此类反对进行裁定，你会不会因此而有成见？

杜尼根检察官：阁下，我不会有成见。我只是想指出反对的范围，内容到哪里为止，以及一直延续到——

诺斯克罗夫特法官：好的。

杜尼根检察官：——一直延续到第12页，以"将来根据这一原则"结尾。

诺斯克罗夫特法官：在哪儿？

杜尼根检察官：第12页第3段。

诺斯克罗夫特法官：我还没有找到那个结尾处。

杜尼根检察官：就在下面，大约在——

马蒂斯辩护律师：第8行。

杜尼根检察官：——倒数第8行。

诺斯克罗夫特法官："将来根据这一原则"。好的。此反对将记入诉讼记录，处理结果与上一项反对相同。

杜尼根检察官：检方反对证词中15页第3段的部分，希望删除这些部分，从"这些炸弹尺寸为7厘米开始"直到15页剩下的部分，以"微不足道"为结尾。提出该反对是因为此处的陈述是猜测性的、争辩性的，与此次诉讼无关。

诺斯克罗夫特法官：好的，马蒂斯先生。

马蒂斯辩护律师：法官先生，我认为这一段的第一句不应被反对，因为它陈述的是事实。炸弹有特定的尺寸，是用手掷落的。

但是这一段剩下的部分,坦白讲,或许应该排除在外。

诺斯克罗夫特法官: 好的。辩方的意见合理,我同意辩方关于第一句的看法,我认为这句话是不应被反对的。

杜尼根检察官: 好的。

诺斯克罗夫特法官: 这一段剩下的部分由于得到反对,不得作为证据。

(宣读结束)

马蒂斯辩护律师: 我从13页开始宣读。

(继续宣读)

杜尼根检察官: 检方反对证词中的这一部分,从16页倒数第2行事实上开始一直到17页的11行,以入侵远东结束。反对这一部分是因为它声称陈述了证人关于某些事情的看法,而证人并无资格就这些事情作证,即使他有资格作证,这些事情也和此次诉讼无关。

诺斯克罗夫特法官: 马蒂斯先生,我没必要听你发布意见。

反对无效,理由是,尽管陈述的是看法,但给出了动员关东军采取行动的原因。这些原因可能会受到质疑,但这位证人有权给出原因,即便这体现的是看法。

杜尼根检察官: 关于阁下的裁决,我想再次声明,关于上一次反对的最后一部分,开头为英国和美国为什么——在17页——在我们对俄战争中支持我们是为了遏制俄国入侵远东地区,对于这些内容,我提出反对是我认为该证人并无资格进行作证,即便他有资格作证,也与本次诉讼无关。

诺斯克罗夫特法官: 我不打算重新考虑如何裁决,但是,杜尼根,你当然有权在证词提交后进一步讨论。

（宣读结束）

杜尼根检察官： 尊敬的法庭，检方现在请求更改刚刚宣读过的反对陈述。

韦伯庭长： 法庭将在适当的时候考虑是否允许。请继续宣读，马蒂斯。

马蒂斯辩护律师：

（宣读）

  杜尼根检察官： 好的，庭长阁下，我对此证词不存在其他异议了。

  诺斯克罗夫特法官： 除了上述反对的内容，同意将该文件编为证据，方便起见，用字母A标示该文件。

  （辩方证据A被接受。）

  诺斯克罗夫特法官： 由于要在法庭上再次宣读这些诉讼记录，但我想各位律师都熟悉这份文件，我认为这一阶段没必要再让人用英语宣读。

  杜尼根先生，你对此有反对意见吗？

  杜尼根检察官： 什么，先生？

  诺斯克罗夫特法官： 你对不再宣读该文件有反对意见吗？

  杜尼根检察官： 没有。

  诺斯克罗夫特法官： 既然如此，我会让记录员将该文件抄录进诉讼记录，就当作是宣读过了。

  （于是，辩方证据A的英文翻译被抄录在记录中，具体如下。）

（宣读）

  从1928年10月到1932年8月我作为关东军参谋负责军事行动，并参与了由1931年9月奉天事件引起的满洲事件。因此我要在此就当时关东军的行动进行陈述，重点陈述其军事行动，因为这和满洲事件有关。

(1) 关于总体情况,特别是关于满洲事件之前日本的军事状况。

日俄战争后,日本获得了在满洲驻军的权利,当时中国在东北四省军力匮乏,因此日本能够在条约允许的范畴内,以小部分兵力保卫绵延的南满洲里铁路及日本国民。但是在清朝灭亡之后,张作霖势力变强,于是虎视关内,慢慢扩充其军队。他对满洲的政策受到举国上下要求收复失去的国家权力运动的影响,倾向于把日俄的影响从满洲驱逐出去,因此他的军队动向成为满洲事态中的一个关键因素。

张作霖被炸身亡后,他的继任者张学良宣布效忠国民党。因此,国民党的影响在东北地区稳定增长,煽动并组织抗日运动,直至影响了东北军,其重要性不可忽视。

张学良宣称效忠南京政府之后立刻被任命为国民党军副总司令。他试图重组军队,从数量和质量两方面加强武器装备,将军队固定人数维持在22万,扩建位于奉天的军工厂,用坦克、飞机和其他现代武器装备军队,强化训练体制等等。那时,他们无论是在数量上还是在装备上都优于我们在满洲的军队,并且他们士气高昂,抗日情绪激昂。他们把军事部署重新调整为包围式部署,以便他们包围被我军占领的南满洲铁路沿线地区。面对这样的挑衅态势,从军事上看,日本关东军兵力分散在广阔的区域,处境危险。当我们的铁路护卫队值班或训练时,时常遭遇东北军当局领导的有组织的抗日或轻侮性的行动。面对各种接连的袭扰和事故,以及日本居民遭受的痛苦和不幸,我们关东军被逼到了愤怒的极限。

为了应对中国东北由于总体军事情况变化而造成的危险形势,该地的关东军向中央统帅部建议增加军力并重组军队。然而该建议没有得到采纳。因此日军不得不维持和平时期的部署,面对占优势且抗日情绪激昂的中国军队;另一方面,除了口舌之功,并没有采取有效的外交措施来缓和这样的态势。两军关系已经到了一触即发的地步,就像是坐在火山顶上一样。

(2) 关于事件爆发时关东军军事准备的概况。

除了守护南满洲铁路和保卫关东州的惯常任务外,一旦发生苏联入侵满洲领土从而引发日苏战事,关东军还负责掩护我们在满洲的主力部队会合。鉴于这个可能的任务,我们一直进行必要的准备,当然,这些准备完全是出于防卫考虑,一旦北满敌军在占领北部地区后继续南犯,我们能给予反击。因此,我们的军事准备最初并非针对中国军队。但是,正如之前所述,东北地区的局势日益恶化,最终日方也担心抗日情绪高涨的中国军队会和日军发生冲突。因此,根据中央统帅部的命令和指示,前几年我们为最坏的打算做好了准备,即便动用武力也要履行职责。我军大约 1 万兵力,装备不良,那时仍然是平常的部署,分散于长春南部约 1 000 公里的南满洲铁路沿线,周围是 20 万之众的中国军队。有成千上万或数以万计的中国军队驻扎在奉天、长春、承德和凤凰城,王以哲指挥的旅,每一个兵营都张贴着指挥官的布告,宣告他本人坚定的抗日决心以激起敌对情绪。在这种情况下,关东军在尽可能短的时间内制订了一个行动计划以应对可能发生的任何事件,并完成所有有关教育、训练、交通运输等方面的准备工作。如果我军主力在日中冲突中不得不采取行动,不管冲突发生在哪里,我们的策略是先发制人,集中我们所有兵力到奉天,给奉天这一军事中心和东北军精锐部队以致命打击。我们可用兵力如此之少,这就需要严谨的计划和筹备,需要军队紧密团结,悉心训练来执行这一艰难的任务。因此,这就要求每个部门保持严格的纪律，紧密团结，进行针对性的教育和训练以适应实战。

1931年8月，本庄繁司令官替任菱刈隆将军，由于发生了中村大尉事件、万宝山事件，以及与守卫任务相关的其他冲突，他意识到了形势的严峻。因此，他下了一道命令，大意是说，一方面，他的军队应杜绝鲁莽和浮躁；另一方面，在执行任务时，尤其是当小分队和敌军发生冲突时，应采取积极果断的行动，不容敌军夸大事件以轻视我军。他上任后首次视察中，司令部同时进行了一次突击视察，特别检查了各部队的军事准备情况。因为关东军在人数和装备上都处于劣势，甚至处于无法指望从中央统帅部获得援兵的境地，因此它不得不尝试最大限度地利用满洲现有军事物资来增加其战斗力。例如，在奉天独立守备队第二大队驻地安装了两门重型火炮，步兵装备了重型装甲车，还准备了爆破材料和其他攻城材料。关东军试图弥补战斗力不足这是事实，但并没打算实施长期大范围军事行动。至于军队的运输系统，我们之前相信我们有能力在接到警报大约1个小时内启动，但遗憾的是，事件发生时，实际花费大约4个小时。鉴于敌军在其装备上具有优势，尤其是在迫击炮、坦克和飞机方面，我军致力于在我们最热衷的夜袭和攻城方面加强训练，训练强度极大，为的是使部队面对无论多强的敌人，都能表现出足够强劲的战斗精神。

(3) 关于关东军的军事准备和军外人士之间的关系。

满洲事件爆发时，关东军司令官是本庄繁中将，如上文所述，他于1931年8月替任菱刈隆将军。参谋长是三宅光治少将，板垣征四郎大佐任高级参谋，其前任河本大佐在张作霖被炸身亡后被调走。我当时任作战参谋。另外还有几名少佐或大尉军衔的参谋。

奉天特务机构长是土肥原贤二大佐,他于1931年8月接替铃木率道少将,张学良的军事顾问是陆军中佐柴山兼四郎。东北军另外还雇佣了几名军事教官。日军第二师团的指挥官是多门二郎中将,独立守备队的指挥官是森连中将。所有这些军官都和所谓的三月事件无关,他们也不是樱会的成员。

在满洲事件发生之前,我没有机会和桥本欣五郎大佐、大川周明博士进行私谈。关东军的行动在日本招致严厉的抨击,特别是在张作霖死后,关东军的领导,包括几位前任指挥官菱刈隆将军和畑英太郎将军,严正警告军队不要鲁莽行动。总部各参谋对于高级参谋板垣征四郎大佐马首是瞻,因此板垣征四郎相信没人敢做出不合规矩的行为。但是,鉴于中国的抗日氛围,尤其是中国军队表现出的敌对情绪甚至是违命行动,以及面对日中之间各种外交协商的失败,尽管我们持有和解的态度,全军(包括军队指挥官、参谋、战场指挥官、其他官兵)都认为武力冲突不可避免。因此关东军严肃认真地继续研究针对最坏情况的特别军事准备,以及为了维护治安的措施,在旅顺参谋总部没有一个参谋因私事缺勤,甚至星期天也如此。各部在训练和执行守卫任务时昼夜不息,力求最好。

当满洲事件后所谓的10月事件发生时,东京方面曾怀疑关东军或许会宣告独立,可能会惹麻烦。关东军收到了言辞激烈的电报,于是白川义则将军来到满洲安抚关东军。但正默默地努力履行自身的责任的战地部队仍然禁不住嘲笑中央当局的愚昧混沌。在南满洲铁路确实有些平民以及其他人对满洲问题有各种意见,但是关东军中没有一个人,包括我自己,曾和他们串通制造该事件。

(4) 关于九一八事变爆发和关东军司令部的决议和采取的措施。

1931年9月18日，本庄繁将军结束了与第一轮辽阳视察有关的临时检阅，正在日军第二师团发表演讲，那时他收到了三宅光治参谋长发自旅顺的电报，要求他让板垣征四郎参谋或石原莞尔参谋待在奉天，因为建川少将即将从东京到达奉天。于是本庄繁司令命令板垣征四郎在其他参谋包括我的陪同下去奉天，当天夜里再返回旅顺。就在那天午夜，中野参谋把我叫醒，让我立刻去参谋长的官邸。我连忙赶到离总部不远的参谋长官邸，在那里我发现所有的参谋，包括竹下中佐，都穿着日式衣服，被参谋片仓衷大尉召集在一起。然后，我看到了第一份军事机密电报，电报上说奉天独立守备队的第二步兵大队收到一份报告，该报告称9月18日晚10点后，粗暴的中国军队摧毁了南满洲铁路奉天北大营西侧的路段，并在之后的冲突中袭击了我们的卫兵，第二步兵大队已立即赶赴战场。然后，参谋长三宅光治从官邸打电话给关东军司令官，让他去总部，而我们都赶往总部制定补救措施。大约0:28，我们收到奉天特务机关的第二封电报，电报上说：北大营的敌人以三四个连的军力炸毁了南满洲铁路；我们的虎石台中队在晚上11:00后与大约五六百敌军交战；我们占领了北大营的一部分；随着敌军机枪和步枪数量的增加；中队身陷困境，处于劣势，中野中尉受重伤。这时关东军司令官来了，经过仔细研究，全体参谋人员得出如下结论：

由于中方鲁莽的行为，意料中最糟糕的事情还是不幸降临；我们的耐心已经到极限了。如果我们不采取坚决的措施严惩敌人，这晚的形势将不堪设想。不能再浪费时间了。我们必须果断调动所有军力，在最短的时间内决定敌人的命运。

当我将自己作为作战参谋的看法向本庄繁将军表达之后，他闭着眼睛沉思了片刻，然后从大局判断，他作出了最后的决定，斩钉截铁地说：好的，就这么做，我负全责。沉默之余，我们都感到心情凝重，面对如此郑重的重要决定，我们感到责任重大。此外，尽管我们曾制订了惯常的军事计划。

本庄繁司令官还是命令我军不要在奉天集结，而是留在长春，准备迎战宽城子和南岭或是吉林之敌。鉴于奉天周边的战局，他采取的战术是逐步增加我们的军力以发动进攻而不是把主力部队集结在奉天。根据这一决定以及司令官提出的关于我军部署的总体原则，我们调整了惯常的军事计划，在9月19日凌晨1:30和2:30之间通过电话颁布了命令，大意如下：由日军辽阳第二师团司令官指挥对奉天及其周边地区发动进攻；驻公主岭独立守备队将其第一大队和第五大队开往奉天附近；驻大石桥独立守备队第三大队应解决营口之敌；驻连山关独立守备队第四大队应扫灭凤凰城和安东之敌；驻鞍山独立守备队第六大队派两个中队前往奉天，等待第二师团司令的命令；长春第三步兵旅团派第四步兵联队和第二装甲团守卫长春。除上述部署外，第三十步兵联队和驻扎旅顺的重型火炮营也接到了动员令。

19日，刚过凌晨3:00，本庄繁总司令官在大部分参谋包括我的陪同下离开旅顺去奉天，参谋长三宅光治和另一名参谋以及每个部门的负责人暂留旅顺。一路上，本庄繁听到了铁路沿线官员和民众要求惩戒中国军队的呼声，还收到了有关战况变化的报告。大约19日中午，本庄繁一到奉天火车站，就立即在火车站设立指挥站。与此同时，他向中央统帅部发送报告，请求驻朝鲜日军司令官按事先安排好的军事计划派遣援军（一支混成旅团）。他还请求派海军第二舰队部分舰船前往营口。

早前的 9 月 18 日，本庄繁将军在辽阳就得知建川将军将途经奉天前来交流，于是当天下午派板垣征四郎大佐在检阅结束后前往奉天，联络建川将军并就中村大尉事件同奉天特务机关以及总领事馆取得联系。建川少将于同一天深夜到达，板垣征四郎大佐见到了他，但并未当即让建川得到详细信息，他们约定次日再谈。因为事件正好发生在那天午夜，由于形势所迫，建川就奉天的战况下达了指示。作为高级参谋，板垣征四郎大佐熟知本庄繁司令官的目的，在当时更是如此，因为事件发生前的检阅让他更加明白了本庄繁司令官的意图。因此，在处理事件的过程中他的每一步措施都和司令官的意图相符，司令官称赞他对实施行动做出了贡献——

正好在这里有一个句子此刻我们选择不提供。现在跳到 31 页，第 2 段，标有(3)，从这里继续宣读。

(3) 关于中央当局根据不扩大事态的原则所采取的措施和关东军军事活动之间的关系。

在满洲事件爆发后，日本政府立即于 9 月 19 日确定了不扩大事态的原则——

这里出现的部分正是作为第二项反对的主题，而我们并不提交。
现在跳到 31 页下面，从底部最后 4 个单词开始。
(继续宣读)

通过上文提到的陆军省大臣和总参谋长发出的电报，关东军完全明白政府、以及中央当局的目的和政策，即不扩大事态政策。但是战场武装冲突的客观现实和不扩大事态的政策就结果而言是相互矛盾的,关东军经常受到中央当局的严厉谴责。这首先是因为中央当局无法理解战场的实际形势。当然,我们关东军努力在行动上和中央政策保持一致,但是先发制人,通过采取行动、对付中国部队是绝对有必要的,因为我军在数量上处于劣势,并且分散在整个南满洲。然而,第一,中央当局并未理解当地军队的这种心理,也不清楚中国军队的行动,而打算用乐观的言论或从纯粹外交方面的考虑来解决此事。第二,是因为和我们的中央当局谈判的南京政府无法控制中国东北军,从而无法兑现其承诺。即便是张学良也无法控制其地方军混乱的行动。东京、南京和北平之间的谈判没有及时开始,因此只能在战场局部地区解决这一情况。

9月底,关东军集结在南满洲铁路沿线以观其变。锦州和黑龙江的敌军集聚了优势兵力,显示出反击的迹象。当1931年10月底嫩江桥遭到破坏时,我们通过位于哈尔滨的总领事馆和中东铁路的管委会协商,还通过位于齐齐哈尔的领事馆和马占山协商,有了他们的理解,我们开始修葺毁坏的桥梁,在此期间,驻扎在那里的中国军队毫无理由地向我们的修理队开火。于是,我们的掩护部队被迫还击,但陷入困境。经过一系列协商,马占山依然不肯让步,最后我们的中央当局认清了局势,采取行动与马占山部队交战。

当关东军被迫把主力派往齐齐哈尔,只留了两个中队驻守奉天,中国军队在锦州集结了大批武力。中方频繁进行抗日宣传,于是这股增援的敌军部队的推进给南满洲地区构成了巨大威胁,也刺激着关东军的神经。我们慢慢认识到,我们必须扫清锦州动荡的根源。在11月底的第二次天津事件中,我们的天津驻军要求得到关东军的援助,但是按照在马占山主力部队瓦解后不刺激苏联的基本策略,我们准备无论如何都要往锦州派遣部队,即使不得不把部队从北部召回。然而,这一努力遭到中央统帅部的阻止。似乎是经过中国外交机关的斡旋,我国外交界接受了一个建议,即在锦州周边建立中立区。但中国人的态度是，如果我们撤军，中国也将立即收回这个建议。从军事角度考虑，我军处于极端劣势，无论如何，我们的小部队有必要采取主动增强敌人的好战性。

关东军司令官本庄繁将军个性情温和，他习惯于广开言路，倾听下级参谋积极的意见，对他海外的任务承担全部责任，发命令或提出总原则。关东军经常毫不犹豫向中央当局提出积极的建议，有时还和他们发生激烈的争论，这是真的，但我声明：只要涉及到最高指挥部，关东军从不违反帝国的命令或指示。

如果说有，关东军司令官在没有征求中央当局指示的情况下采取的行动只有以下两次：

一次是奉天事件突然爆发时关东军调动主力。但是，鉴于整体军事形势，可以了解到本庄繁将军是根据关东军总部规章的第3条以及他在和平时期惯常的军事准备来行使权力的。

另外一次是于10月8日对锦州的轰炸。事实是6架88式侦察机和5架缴获的飞机正在侦察锦州地区东北军的情况时被射击，出于自卫，向交通大学（军政府办公室）、第二十八师军营和张学良的私人官邸等地投掷了75枚炸弹。这些炸弹有7厘米的山炮炮弹那么大，采用徒手投掷方式，没有精准的投掷仪器，因此可能无法控制落点。在其他所有事件上，关东军都和中央当局进行了广泛的意见交换，从未在没有收到后者指示的情况下开始军事行动。在满洲北部进行军事行动时，总会考虑与苏联的总体关系，尽管军事行动会遇到不利和不便的情况，但我军在行动中也都注意自律，以免苏联怀疑我军有侵略意图或担心其在满洲北部的权益受到侵犯。

（6）关于满洲问题的解决和军事观点。那时日中两国之间存在的真正形势可被描述为因需求相反而产生的冲突，即中国方面恢复国家尊严和日本方面保护权益之间的冲突。除非一方或双方让步，否则似乎很难解决问题，最终我们几乎不能期望仅仅通过外交谈判来维持我们的权益。为了让我们的人民在满洲进行和平的经济建设,除非中国同意妥协,否则除了放弃我们在政治、经济和军事上的特权和利益似乎没有其他解决方案。然而,从时任外务省大臣币原喜重郎在1931年10月在议会上的讲话、以及首相若槻于4月在一次地方讲话来看,我国政府不可能对满洲和蒙古实行如此极端的政策,舆论也不允许这样的处理方式。事实上,如果日本完全从满洲撤军,不仅会危及我们的权益,甚至会危及日本乃至苏联居民的生命,而苏联当时正恢复其在远东地区的影响,从当时的苏中争端可以看出,苏联可能会入侵满洲。鉴于苏联的传统政策,满洲将成为共产主义宣传的基地,而满洲的和平秩序就会遭到破坏,这不仅将危及我国的国防而且会损害中国的国防。从中日战争后的状况和日俄战争的起因看,这一点非常清楚。

38页底部的下一句话是被检方提出反对的,法庭还没有做出裁定。英国和美国在对苏战争中支持我们是为了遏制苏联入侵远东地区——就是这句。

(继续宣读)

尽管关东军不参与对我们的外交政策提出要求或评论,但为了挽救满洲事件爆发后东北军瓦解所导致的形势,关东军非常关心和平的建立和满洲的防御。面对这样的新形势,关东军及其指挥官不得不从军事上考虑是否实施对苏防御部署。

当然,这只是实施对苏防御部署,我们无意以满洲作为军事活动基地而进攻苏联。换句话说,从战略角度看,我们尽力充分利用这一有利部署,和中国紧密配合以防苏联向南扩张,并在谈判中默默支持我们的代表。随着东北军事派系的瓦解,中国东北的政治革新促成了"满洲国"的建立,并不是从上述军事角度考虑才建立"满洲国"。

成立"满洲国"绝非我们军事行动的方式或目标,尽管我们的军事行动可能为"满洲国"的成立提供了机会。为了解决事件,满洲被分割出中国,这令人惋惜,但我们认为,在铲除多年动乱的根源,并由此在远东确立均势之前,我们必须了解满洲多个民族的偏好、活动以及他们之间的合作。也就是说,我们应该通过民族间的合作来寻求民族的共同繁荣,从军事角度看,这将终止战争并最终实现中日合作。因此从这一军事角度考虑,关东军致力于迅速建立和平与治安,期望当地的官员和人民自己能够改善当时的形势,而不用在占领区域实行军事管理。

韦伯庭长: 现在休庭。

法庭休庭至明天早晨9:30。

(16:00休庭。)

索　引

A

阿瑟·亨德森（亨德森）　95
安东　253
安庆　15
安宅　133
澳大利亚　175

B

白川义则　251
阪埜淳吉（阪埜）　177－182，184，203，204，207，210，221，227－232，241，242
板垣征四郎　250－252，254
蚌埠　58
保定浊流镇　194
北京城　118
北宁铁路　205
北平　116，117，120，122，123，126－128，137，188，191，193，210，255
北站　9，11
贝茨　161
本庄繁　250，252－254，256
比利时租界码头（Philipping port）　67
币原喜重郎　257

《波茨坦公告》　230，231
波斯鸦片　132，234
博纳德　232
布雷克尼　135

C

柴山兼四郎　251
长春　249，253
长谷川清　71，72，149
长江　7，12，13，15，19，21，29，61，75，89，91，92，133，145，149，152，159，160，167，176，191
长沙　23，77，78，98－100
长沙军事行动　99
长沙战役　77
巢鸭监狱　57，102
朝日新闻社　9，10
朝鲜　34，44，179，190，202
朝香宫亲王　146，150
陈诚　59
陈夫人　165
承德　249
池田龙三郎　14
赤木喜代治（AKAGI Kiyoji，赤木）　27，28

川本芳太郎　136,137
嵯峨　133

D

《大本营绝密战争日记》　48
大别山　2,6
大别山突袭行动　75
大川周明　251
大岛兴业株式会社　133
《大东亚战争中的中国派遣军将兵》
　　68,69
大都会饭店　148,149,157
大木荣一　10
大平　6
大山文雄（大山）　30,31,36,37,40,
　　42,49,52
大同　137
大治县　89
大治县石灰窑　90
戴维·巴雷特（巴雷特）　96,116,
　　119,125
道贯尖村　86
稻叶　6
德国　11,29,152,185,226
德国大使　220
德国外交部　169,226
德国驻华大使　169,195
德国驻华大使馆　216
德国总领事馆　89
帝国参谋本部军事部　103
帝国大本营　53－55,58,145,154,
　　167
帝国议会　138

第二步兵大队　252
第三十步兵联队　253
第二装甲团　253
第六工兵联　91
第五九五号部队　105
第三舰队　72,133
第二十三军　101
第二十九军　129,191－193
第二军　7,15,28,54
第二十一军　67
第十一军　6,17,23,75,76,99,102
第二军参谋部　6
第四十五联队　4,91
第二十三联队　4,89－92
第六派遣军　18
第十三炮兵联队　153
第三十七师　192
第一师　99
第二十八师军营　256
第十一师团　91,145
第十三师团　7
第二师团　251－253
第三师团　145
第十六师团　149
第六师团　4,6,7,14,28,76,89,91,
　　193
第五师团　54,193
第十师团　54,193
第六师团第二十三联队　2
第十三师团第六十五联队　97
第六师团牛岛支队第二十三联队　86
第六师团先锋队　28
第十军（柳川兵团）　144－146,148,

149,153,156
第十军炮兵　153
第十军司令部　153,154
第一次世界大战　185
第一复员局　34,35,38,42,48,177,178,180,181,199
第一复员局法律调查部　42
第一师团　99
第九中队　88,89
电力公司　175
东北军　248,249,251,255-257
东京　8,10,13,16,20,24,31-33,35,37,38,64,65,71,83,96,108,131,132,140,161,164,178,180,199,203,233,239,242,251,252,255
东京参谋本部　206
东京朝日出版社　13
东京朝日新闻社　10
东京当局　166
东京都目黑区衾町一四零二番地　233
东京都目黑区三谷町一四二番地　8
东京都目黑区仲根町一九四番地　20
东京都千代田区永田町一丁目八番地　31
东京都杉并区荻窪二丁目一零七番地　24
东京都杉并区方南町四二一番地　132
东京都杉并区天沼三丁目七四一番地　10
东京都杉并区西田町一丁目七七九番地　83

东京都新宿区市之谷第一复原局　22
东京高等工艺学校　10
东京军界　231
东京南多摩郡玉村濑木户537号　142
东京外务省　166
东久迩宫稔彦亲王　28
东久迩亲王　54,59
东条英机（东条）　208,218
东月湖　68
杜尼根　242,244-247
对俄战争　246
对华政策　175
对华作战计划　195
《对华作战计划大纲》《反华行动纲要》《在华作战计划大纲》）　178,194
多兰斯　30,61
多门二郎　251
多田骏（多田）　201,204,217-219,223,224,227,228

E

俄国　19,134,135,246
二二六事件　40
二宫义清　144

F

法国　7,11,12,19,29
法国传教士　11,29
法国炮艇　21
法国总领事馆　89
法国租界　20,76,88-90,92

法务部　31,35,37,38,40,46
法属印度支那　175,235
翻译仲裁委员会　212
反日军事行动　205
反日行动　211
反鸦片政策大纲　236
防共协定　213
非军事区　213,220
肥后盛英(肥后)　88,89
丰台事件　206
凤凰城　249,253
奉天　37,248,249,252－255
奉天北大营　252
奉天独立守备队　250,252
奉天火车站　253
奉天事件　247,256
奉天特务机构　251
弗里曼　96－99,103,104,107－109,
　　212,214－216,220,222,228
马蒂斯　143,241－247
福山　145
福田笃泰(福田)　161

G

冈本敏男　242
冈部　102
冈村宁次　54
冈木　117,123－125
冈山县　37
高雄港　72
葛店镇　13
公平　36,40,148,224
公平匡武　144

宫崎县儿汤郡都农町　97
《宫崎新闻》　90
宫崎周一　17
共产党军队(共产党部队,共党部队)
　　56,60,129
共产主义　257
共同谋议罪　239
古庄　204
关东　34,249
关东军　60,101,190,198,204,206,
　　208,243,244,246－252,254－258
关内　248
广安门　124
广安门事件　122,124－126,193
广岛市铁炮町一一三番地　137
广东　55,59,121,192
广田弘毅(广田)　168,212,222,224,
　　232
广西　28
广州　67
桂林　23,24,76,98－101,104,105
桂林军事行动　100
桂林战役　77
桂柳会战　1,10,100
国际法　18,78,110,146,150,166,
　　167,196
国际检察局　48
国际利益问题　185
国际委员会　46
国际战争法　197
国民党　248
国民党政府　185,186
国民政府　148,149

H

哈尔滨　255
海关大楼　12,20,21
海关码头　90,91
海军大臣　210-212,232
海军第二舰队　253
海军防区　21
海军航空兵部　55
海军省　209,232,234
海军省军务局　233
海军巡洋舰八重山　11
海牙公约　41,49
韩国人　26
汉江　13,67
汉口　2-4,6-16,18-21,28-30,54,55,57,59-61,66,67,73-76,86-93,102,105,106,109,110
汉口机场　18
汉口军事法庭　106
汉口维和办公室　88
汉口行动　54,55,57
汉口战役　4,54,55,57,59,65,86,91
汉水　91
汉阳　13,14,19,66-68,75
杭州　54,84,145,154
杭州湾　84,144,145
和解协议　120
和平谈判　217,231
和平协会　16
河北—察哈尔当局　189
河边虎四郎（河边）　20,33,177,182,183,185,190,197,198,205,215-217,223,225,228,229
河边正三　52,53,57,64
河南省　121,190
河南行动　105,106
贺一永（贺一勇）　104
横山勇　98
衡阳　23,24,77,78,98-100
衡阳军事行动　100
衡阳行动　24,101
衡阳战役　77
红关　67
厚生省　228
湖北电报局　88,89
湖南省　80
湖州—广德—芜湖公路　145
虎石台中队　252
华北地区　97,175,191-195,202-205,213,221,236,237
华北开发株式会社（华北开发会社）　137,174
华北派遣军　54,58,137
华北日军　187
《华北事变处理方针》　179,191
《华北事变解决方案》　180,181,192
华北驻屯军　138,203,204,206
华北自治运动　204
华南　105,108,235
华盛顿　96
华盛顿战争部　244
华中　15,20,56,67,87,105,144,145,150,174,235
华中地区　139,144,167,213
华中派遣军　16-18,28,37,53-55,

57,58,60,64,65,67,87,143-146,
150,152,154-156,162,163,166-
168
华中占领区　61
华中战场　28
华中振兴会社　174
淮河　54,58
皇军　67,70,81,84
黄陂　2,4,10,87
黄河洛阳段　176
霍乱　19

J

基督教青年会　163
及川源七　140,172,176
吉川武　144
吉川源三　3
吉川正治　1
吉林　253
吉桥戒三　5
季南　215
济南　54,137
加科诺　11
加拿大　175
夹河　68
嘉兴　145
间谍罪　51
建川　252,254
江北工业公司　175
江汉中学　6
江陵县沙市　97
蒋介石　28,76,103,223,225
蒋介石政权　18

交通大学　256
焦土战术　137,173
今井　201,208
金陵大学　157,158,161
金陵女子文理学院　157,158,165
金内良辅　242
津浦线　137
锦州　255,256
近卫　108,196,212,232
京城师管区　28
京津地区　187
九江　9,13,15,20,55,57,65,67
九一八事变　241,252
酒田市　242
句容航空部队　148
句容机场　149,165
军事司法事件　38
军事同盟　209
军事学院　28
军事政治中心　18

K

抗日运动　248
柯明斯-卡尔（卡尔）　25,26,31,32,
35,37,39-42,49-51,73,81-83,
94,95,177-184,198,202,205,
212-216,222-230
克莱默　212
库佩齐　242
宽城子　253
奎廉　3,5,8,9,12,14,17,19,21,30,
65,66,73,79,83,85,103,106-
112,132,134,139,176,234,235,237

L

拉扎勒斯 112-115

廊坊 122

廊坊事件 122,193

利特尔 153

栃木县那须郡那须村大字丰原字西田 73

辽阳 252,254

铃木率道 251

铃木忠纯 24

菱刈隆 250,251

柳川 153,156,196

柳州 76,98,99,101,103-106

柳州军事行动 101

龙华寺住持 98

龙江 255

陇海铁路 191,192,194

卢沟桥 72,117,118,121,189

卢沟桥事件 72

庐州 57

陆军参谋本部 62,217

陆军大臣 44,47,52,210,211,226,232

陆军大学 4,6,99

陆军俱乐部 106

陆军军事法庭 36,40

陆军省法务部 36,38,46

陆军省军务课 137

陆军士官学校 4,99

旅顺 252,253

旅顺参谋总部 251

绿丸 21

滦州 175

罗伯茨 93-95

洛根 1-6,8-10,12-15,17,19-27,30-36,39,41,49-53,55,57,62,65-69,71-75,77-80,82-86,92,93,96,219,224,225

M

马场鲱 234,235

马蒂斯 143,241-247

马吉 160

马来亚 48

马来亚岛 235,237

马尼拉 96,199

马修斯 43-45,51

马修斯案 52

马占山 255

迈克尔·列文 242

满洲 55,60,119,120,138,175,179,186,190,202,209-211,213,219,221,236-238,248-251,256-258

满洲北部 237,256

"满洲国"牡丹江省东宁县 105

满洲军 105

满洲事件 198,247,248,250,251,254,257

满洲事态 248

满洲驻军 248

曼茨 141

梅津美治郎 195,208

煤矿 138,139,203

美国 11,12,23,74,76,78,96,100,101,112,116,119,143,152,153,

155,164,168,175,246,257

美国辩护律师 143

美国军队 78

美国军官 119

美国空军 101

美国陆军参谋团 96

美国律师 74

美国炮艇 11

美国驻华大使馆 168

美军 23,100

美山要造 178,180

蒙古 257

蒙疆 175

米内 109,212,232

缅甸 48,235,237

明孝陵 147

明治小学 12

摩尔 128,130,214,227,241

木户幸一(木户) 219,224,228

《木户幸一日记》 225

N

南京 4,18,29,46,47,54-59,96,142,145-167,169,170,192,194,196,218,220,222,255

南京安全区国际委员会 150,161,162,165,167

南京案 45,46

南京暴行 46,140,168,170

南京暴行案 45,46

《南京城攻略及入城注意事项》 147

《南京城攻略要领》 146

南京城南机场 162

南京军事行动 195,216

南京事件 154,168

南京新政府 102

南京政府 191-193,205,208,209,248,255

南京中央政府 121

南岭 253

南满洲 255

南满洲里铁路 248

南满洲铁路 248,249,251,252,255

南苑 127,128

南苑机场 126,128

内阁 138,201,202,207,213,217-219,221,223,225,226

内务省 215

嫩江桥 255

鸟取县东泊郡浅津村大字南谷四三七番地 3

牛岛满 7

牛岛贞雄 83,84

诺兰 93

诺斯克罗夫特 241-247

O

欧洲冲突 109

P

派遣军司令部 16,20,56,69,87,144,145,148,150,170

澎湖岛 72

片仓衷 252

瓢虫号 152,153,196

平汉铁路 130,191,205

平汉线　137

平津地区　119,120,194,211

平田部队　13

蒲式耳稻米　175

Q

七七事变　36,45,84,91,109,115,121,125,173,177,185,187－189,194,196,201,205－208,210,211,221

齐齐哈尔　255

旗舰出云号　72

企划院　139

千代田区纪尾井町四番地　5

千叶市黑砂町二四一番地　27

千叶县君津郡大贯町千种新田七零七番地　85

千叶县市川市国府台三二番地　13

千叶县松户市根本四一四番地　17

强奸案　47

强奸罪　37,47

乔治六世　94,95

威廉姆斯　109－112,115,130－133,182－184,190,215,233－239,242

桥本欣五郎(桥本)　57,153,196,251

亲共、反日、反满政策　219

青岛　187,194

清朝　248

清水薰三　239

R

日本　11,12,16,19－21,23,25,29,34,35,37,39,40,43,44,46,60－62,70,71,74,77,79－82,89－91,95,99,103,104,106－109,117－120,123－125,130,137,139,144,146,147,150,156,160－162,164,166,168－171,173－176,186,187,190－194,196,197,200,202,205,209－211,218－223,226,230,232,234,248,251,256,257

日本报社　89

日本被告　25

日本辩护律师　143

日本参谋本部　34

日本帝国军队　70

日本第一复员局　34

日本东京都旧陆军省　1,22,62,115,163,214

日本法律　43,44,49,51

日本妇女娱乐团　7

日本国防　203,221

日本海军部队　89

日本海军省　234

日本华中派遣军　57

日本居民　72,248

日本军方司令部　106

日本军舰　9,234

日本军事法庭　43

日本军事刑法　37

日本领事馆　11,150,161,162

日本陆军省　34

日本律师　22,109

日本农林省　175

日本侨民(日本帝国侨民)　144,145,194

日本驱逐舰 132,234
日本神奈川县热海市 150
日本司令部 103
日本死难者 149
日本外交机构 148
日本外交政策 217
日本外事办公室 63
日本外相 63,168,210
日本宪兵队 20
日本新闻界 163
日本政府 32,63,94,108,138,139,
　192,200,211,215,221,223,225,
　237,254
日本中央统帅部 193,195
日本驻沪总领事 147
日本驻华武官 188
日本驻南京领事馆 161
日本驻屯军 122,123
日本租界(日租界) 3,11,12,16,19,
　20,76,89,90,92
日本罪犯军事法庭 45
日俄战争 248,257
日方驱逐舰 21
日高信六郎(日高) 46,161,166
日军暴行 161
日军部队 97,155,156,167,179,
　181,187,188,194
日军第二师团 251,252
日军防线 117,118
日军辽阳第二师团 253
日军南京暴行 46
日内瓦 41
日内瓦公约 49

《日清通商航海条约》 110,115
若槻 257

S

萨顿 53,57,58,60-62,64,65,68,
　151,155,156,159,160,162-165,
　169
三井物产分公司 15
三笠宫崇仁亲王 101
三门峡 176
三月事件 251
三宅光治 250,252,253
森德治 132-134
森冈隼 19,20
森连 251
山打根战俘营 44
山海关 120
山梨县东山梨郡大和村宇丸林一九二
　七番地 104
山西省 192,194
山形县 242
山形县饱海郡高瀬村 243
山野炮 11
杉并区荻窪二丁目九八番地 14
杉山 212,232
汕头 133,187
上海 20,29,54,56,57,72,112,132,
　143-145,147-151,153,154,157,
　167,170,175,187,194,195,213,
　220,234
上海派遣军 144-146,149-151,
　154,156,162,170
上海派遣军参谋部 162

上海派遣军特务机关　161
上海战争损失调查委员会　152
神崎　116,117,125,126,128－130,136,137,139－141,172,176
石家庄　137
石原莞尔（石原）　200,203,240－244,252
笹川知治　242
思明银行　20
松江　145
松井石根（松井）　54,142,144－153,156－158,160－162,165,167,169,170,195
松崎　28,29
宋埠　6
宋哲元　121,192,193
苏联　34,163,170,171,185,208,209,218,224,249,255－257
苏日战争　209
苏中争端　257
苏州　145,146,148,149

T

塔夫纳　95－97,113,116,129,130,240
台儿庄　54,58
台儿庄战役　54,60
台湾　72
台湾军　13,72
太沽地区　175
太平洋战争　175
泰国　48,175,235,238
汤水镇　148,149,158

藤井茂　233
天皇　6,101,179,190,222
天津　119,122,137,193,195,255
天津事件　255
天津司令部　121
天津谈判　94
天野正一　73,81
田代皖一郎（田代）　121,122
田中久一　101
畑俊六　4,15－18,24,29,37,38,53－60,64,65,68,87,90,99－102,106,111,156,170
畑英太郎　251
铁路护卫队　248
同盟国　33,135,136
土肥原贤二　251

W

外国居民区　3
宛平　116,117,119,120
宛平城　120,130
宛平县　117,130
万宝山事件　250
卍字会（万字会）　15
汪精卫　113
汪精卫政府　113
汪精卫政权　61,167
王以哲　249
威廉姆斯　109－112,115,130－133,182－184,190,215,233－239,242
韦伯　1,3－6,8－10,12－15,17,19－22,24－27,30－37,39－43,49－53,55,57－63,65,66,68,69,

71-75,77-83,85,86,92-99,
103,104,106-117,119,122-136,
139-143,151,154-156,159,162,
163,169-172,176-184,190,198,
203-205,207,210,212-217,219,
220,222-243,247,258
尾崎秀实 109
《我们为什么攻打汉口?》 109
无控告犯罪 37,47
无锡—丹阳—句容公路 145
芜湖 58,145,149,153
芜湖江域 152
五霞观 98
武昌 13,14,18,19,54,55,57,60,
66,67,75,76
武昌—汉口战役 57
武汉 7,15,18,67,91
武汉会战 1,10,100
武汉行动 18
武汉行动限制令 18
武藤章(武藤) 144,148,149,153,
155,161,164-166

X

西伯利亚大铁路 185
西尾 56
下村定(下村) 200,201,228
厦门 187
宪兵队 40,44,160
宪兵机构 160
香月 193
湘潭 23,24
湘潭—桂林行动 23

向检察官 24,102,104
潇江 99
小川三郎 13
小峰 39
小峰长三郎 38
《辛丑条约》 188
新西兰代表 242
新州 87
信阳—汉口地区 18
兴亚院 56,62,137
《星条旗》 163
熊谷 216,228
徐州 54,57-60
徐州行动 54,58
徐州战役 54,57
许传音 160

Y

鸦片问题 56,237
鸦片运输问题 232
亚细亚公园 152,159
一·二八事变 211
伊豆 150
伊藤 141-143,151,152,155,169-
171
义和团运动 188
益田兼利 22,23
意大利 29,185
意大利总领事 88
意大利租界 11
阴谋罪 109
印度洋 132,234
英国 12,19,21,93,94,152,196,

234,246,257
英国国民 95
英国海军 153
英国炮舰 152
英国政府 93,153
英国租界 29,88,89
英日会议 93
樱会 251
樱井德太郎 96,97
营口 253
影佐祯昭 240
永定河 181,189,193
永州 7
宇治 133
御前会议 221-223
远东地区 246,257
远东国际军事法 1,6,10,22,33,42,52,62,75,86,100,104,115,125,135,154,163,177,190,205,214,223,232,241,242
约翰·拉贝 161,162
约翰·马吉(马吉) 160,161
约瑟夫·格鲁(格鲁) 168
岳州 14,18
岳州—通山地区 18
运输总部办公室 21

Z

载家山 2,4,6,11,90
斋藤寅郎 8
战俘营 102,166,167
战争指导课 185
战争罪 230

张伯伦 94
张公堤 2,6,11,28,67
张鼓峰事件 55
张家口 137
张里德 97,98
张学良 248,251,255,256
张作霖 248,250,251
真山 34
中川青一郎 98
中村辰二 130-132
中村大尉事件 250,254
中国 1,4,8,10,12,15,16,18,19,21,24,25,29,32,47,56,58,60,61,64,65,69-72,76-79,81-84,88,91-93,95-97,100,103-106,110-113,120,121,126-128,130-132,137-139,146-148,150,152,155,156,160,166,167,169,170,173-175,179,181,185-197,203,209-211,213,217-225,237-239,248,251,255-258
中国地面部队 18
中国飞机 24
中国共产党 175,186
中国关系事务 137
中国国民 146
中国华北 139
中国将士 149
中国居民 8,24
中国军队 18,58,59,84,88-90,101,102,117,120,122,124-127,137,144-146,148,149,153,157,167,168,173,176,187-192,194,

195,249,251-253,255
中国难民　12
中国派遣军　6,23,25,37,54,56,64,
　　65,68,69,71,78,99,111,207
中国守军　156
中国首都　146
中国游击队　8
中国占领区　62
中国战场　152
中国中央最高指挥部　192,194
中美空军　77
中日冲突　166,167
中日大规模战争　209
中日合作　258
中日军方当局　188,206
中日双方军队　121
中日友好关系　70
中山公园　16
中山陵　147
中山路　90
中山门　148,149,159
中山宁人　140-142,144,154-156,
　　164,170
中山贞武　102
中央军　191,192,195
中央统帅部　65,79,185-197,202,
　　203,206,216,248-250,253,255
中野　252
钟渊纺绩株式会社（钟纺）　175

种族意识　186
塚田政　144
重庆　23,81,82
重型火炮营　253
竹下　252
驻鞍山独立守备队第六大队　253
驻朝鲜日军　253
驻大石桥独立守备队第三大队　253
驻公主岭独立守备队　253
驻华日军　187,206
驻连山关独立守备队第四大队　253
驻南京大使馆　190
驻南京日军　150
爪哇　235,237,238
紫金山　67
自治运动　64
最高统帅部　62
最高战争委员会　34
佐伯千仞（佐伯）　155
佐藤贤了（佐藤）　211,214,215,219,
　　220,228
佐野部　89,90
佐野部队本部　92
佐野虎太（佐野）　28,85,86
佐野联队（第23联队）　4,28
佐野联队松崎第三大队　28

其　他

7日事变　121